アイヌモシリと平和

〈北海道〉を平和学する！

越田清和 編

法律文化社

もくじ

コラム

序　章　アイヌモシリから考える平和
――「人間の静かな大地」という平和

越田　清和

1　はじめに

この本では、二つの大きなテーマが重なって論じられている。「アイヌモシリ」とは何かという問題、そして地域という視点から考える平和とは何かという問題である。

どちらも大きなテーマなので、本来ならば、別々に論じられるべきテーマかもしれない。にもかかわらず、なぜそれを重ねて考えようとしたのか。それは、平和について自分の住む地域（いま「北海道」と呼ばれている島）をベースに考え・行動することが大事だと感じていたからである。この感覚は、なんの疑いもなく自分の住む地を「北海道」と呼んできた自分への反省と結びついている。

別の言い方をすれば、「植民地支配という認識」ということになるかもしれない。この認識こそが、「アイヌモシリ」と「平和」をつなぐ鍵ではないか。その鍵をできるだけ広い視点からわかりやすく若い世代に提示することが必要ではないか、と考えて、この本を準備することにした。

2 植民地支配という認識

「植民地支配という認識」について、もう少し述べてみる。

私（たち）がいま住んでいる島を「北海道」ではなく「アイヌモシリ（人間の住む大地）」と呼ぶことは、たんに呼び方を変えたというにとどまらない意味をもつ。「アイヌモシリ」と呼ぶことは、アイヌ語にふれ・アイヌ民族とこの島の歴史を考えることにつながり、アイヌ民族の視点から歴史と現在を考えるための第一歩になっていくかもしれないことだ、と私は考えている。歴史をみる視点を変え、「日本」という国家がアイヌ民族に対してしてきたことを知り・考えることが「植民地支配という認識」をもつことにつながっていく。

アイヌ民族の代表的な組織である北海道ウタリ協会（現在は北海道アイヌ協会）が一九八四年五月に総会で決めた「アイヌ民族に関する法律（案）」前文では、アイヌ民族の歴史についてこう述べる。

北海道、樺太、千島列島をアイヌモシリ（アイヌの住む大地）として、固有の言語と文化を持ち、共通の経済生活を営み、独自の歴史を築いてきた集団がアイヌ民族であり、徳川幕府や松前藩の非道な侵略や圧迫とたたかいながらも民族としての自主性を固持してきた。

明治維新によって近代的統一国家への第一歩を踏み出した日本政府は、先住民であるアイヌとの間になんの交渉もなくアイヌモシリ全土を持ち主なき土地として一方的に組み入れ、また帝政ロシアとの間に千島・樺太交換条約を締結して樺太および北千島のアイヌの安住の地を強制的に棄てさせたのである[*1]

この本がめざすのは、多くの人たち、とりわけ若い世代に、このような歴史認識をもってもらい

＊1　「アイヌ民族に関する法律（案）」の全文は多くの本で引用されている。たとえば、野村義一ほか『日本の先住民族アイヌ』（部落解放研究所、一九九三年）。

たい。そのうえで、自分の住む地域をベースにして、同時に地球を視野に入れながら、自分たちの未来を考えてほしいということである。

3　脱植民地化を進める

もう一つ考えたいのは、日本社会がこれから向かおうとする方向を考えるときに、脱植民地化というプロセスを避けて通ることはできないという点だ。

二〇〇七年九月一三日に国連総会は「先住民族の権利に関する国連宣言」を採択した。日本政府も採択に賛成した。それから一年も経たない二〇〇八年六月六日、衆参両院は「アイヌ民族を先住民族とすることを求める決議」を満場一致で採択した。

国会決議では、「『先住民族の権利に関する国際連合宣言』を踏まえ、アイヌの人々を日本列島北部周辺、とりわけ北海道に先住し、独自の言語、宗教や文化の独自性を有する先住民族として認めること」、そして国連宣言における関連条項を参照して「これまでのアイヌ政策を更に推進し、総合的な施策の確立に取り組むこと」を政府に求めた。日本政府も同じく六月六日、この決議を受け入れ、「我が国が近代化する過程において、法的には等しく国民でありながらも差別され、貧窮を余儀なくされたアイヌの人々が多数に上ったという歴史的事実について、政府として改めて、これを厳粛に受け止め」るという町村内閣官房長官（当時）の談話を発表した。

この動きは、制度的な脱植民地化プロセスの始まりであり、日本社会が先住民族の権利と脱植民地化について自覚的に考えるためのスタートラインについたことの証しではないだろうか。もちろんこのプロセスがスムースに進むとは思っていない。しかし、私（たち）が脱植民地化を正面から考え、行動するべき時代がやってきたのである。

この流れの中で平和とは何かを考え直すことも、この本がめざすことである。それは、外からやってきた多数者・日本人による開発や軍事化によって破壊されてきた「アイヌモシリ（人間の静かな大地）」をどうやって回復していくか、につながる課題でもある。

4　平和の多様性を考える

これまで書いてきたような考えにもとづいて、この本を企画し、日本平和学会北海道地区研究会のメンバーや札幌で一緒に市民運動をしている仲間たちに声をかけた。その時考えていたのは、この本を「平和学」の本というよりも、平和について考える本にしたいということだった。

平和学には、平和研究・平和教育・平和運動という三つの柱がある、とよく言われる。平和学の先達である岡本三夫は「平和学が、専門特化に随伴する保守化や動脈硬化などの陥穽を避けつつ、学問として成熟して行くためには、平和学を誕生させた源泉としての平和運動と平和教育へ、たえず立ち戻る必要がある」と述べている。[*2] この指摘は、今も（今こそ）重要な意味をもつ。

しかし、岡本が平和学の源泉と呼ぶ平和運動や平和教育の領域から、平和研究への期待や希望が語られることはまずないし、そことの対話をもつことも少なかった。さらに言えば、立ち戻るべき現場としての平和運動や平和教育をもっている研究者が、どれだけいるだろうか。また「平和学」と銘打たれた本は、研究者・学者が執筆するものがほとんどで、市民運動や反戦・平和運動のアク

＊2　「平和研究の展開」日本平和学会編集委員会編『平和学——理論と課題』（早稲田大学出版会、一九八三年）三九頁。

ティビストからは「難しい」と思われてきたのではないだろうか。

この本も、そのそしりを免れることはできないだろう。ただ、この本は良い意味で「ごった煮（多様性）」のようなところがある。一つは、研究者だけでなく社会運動の当事者（アクティビスト）も執筆しているという幅広さ。もう一つは、「平和」について、軍事や人権だけでなく開発や文化からも考えるという視点の多様性である。

これからの平和学は、研究者が「平和運動や平和教育へ立ち戻る」ことで活性化するものではなく、平和運動や平和教育の当事者が市民の視点から進めていく市民の科学に向かっていくだろう、と私は考える。もちろん、平和運動や平和教育そのものも、自らの抱える植民地主義をつねに問いなおす必要がある。

この本が、その方向性を先取りしているなどというつもりはないが、「アカデミックではない文章」が収まっているこの本から、市民による平和学・運動としての平和学についてのヒントを得ていただけるなら、編者として、これほどうれしいことはない。

I部

アイヌモシリの植民地化と人びとの動き

第1章　近代アイヌ民族のたたかい
――十勝アイヌ民族を中心に

井上　勝生

1　はじめに

よく北海道は、内国植民地といわれる。その意味は、明治期に急激な「開拓」が行われ、北海道は、和人移住地となっていったのだが、北海道には、近代的行政が敷かれなかった。この近代的行政の及ばない時期の北海道を内国植民地と呼ぶのである。一九〇〇年に人口が一〇〇万人を超える。ほぼ同時に、一八九九年に区政が敷かれ、一九〇二年に衆議院議員選挙法が施行された。この前一八九九年には、全道に徴兵制が施行された。こうして、短期間のうちに近代的制度が敷かれて、北海道は、「内国植民地を脱した」と言われるのである。このように言われる場合の「内国植民地」には、急進的な植民政策、「開拓の成功例」という評価が含まれている。だが、先住民アイヌ民族は、全然、視野に入っていない。

先住アイヌ民族を視野に入れる必要がある。アイヌ民族は、世界的な先住民族の事例を見ればけっして少数民族ではない。明治維新以前、和人社会は、蝦夷地（北海道）に進出してアイヌ民族を抑圧していたのだが、和人の過酷な抑圧支配は、まだ、海岸部に止められていた。その海岸部でも、アイヌ民族は、和人に厳しく抑圧されながらも、鮭漁などでも、さまざまな慣行によってアイヌ民族の一定の取り分を得ていたことがわかっている。まして内陸部は、アイヌ民族の大地、豊かな河川や山野の「アイヌモシリ」そのものであった。しかしアイヌ民族は、日本政府の政策によって、蝦夷地を北海道と改称され、大地をいっきに奪われたのである。植民地にされたと言わなければならない。

アイヌ民族の植民地政策をうち破るための民族運動が、明治の中頃に強力に展開していた。今まで まったく無視されてきたので、このアイヌ民族の民族運動を十勝地方を舞台として紹介したい。この民族運動は、十勝では、記録が保存されていたために、幸い再現することができる。調査が進んでいないのだが、同じような動向は、北海道各地で見られたはずなのである。そして、こうしたアイヌ民族の運動を壊滅させたのが、これも紹介するように北海道旧土人保護法なのである。壊滅させられたのだが、民族運動の動向は、今日の民族にも大きく波及している。

2　アイヌ民族共有財産紛争

十勝アイヌ民族の長老吉田菊太郎の残した史料が、幕別町で保存されている。その中に分厚い冊子、「土人関係要書綴込」がある。表紙に近い方に「中川旧土人財産保管組合規約」（原本）がとじ込まれていた。全二〇条、長文のきちんとした規約である。

十勝国中川郡一〇ヶ村に住むアイヌ民族一三五戸が、共有財産を保管するために組合を設け、「中川旧土人財産保管組合」と呼んだと、冒頭の第一条で述べられている。

第三条は、共有財産を「財産台帳」に詳しく登録すると述べて、次のように続く。[*1]

財産台帳は、組合員において、何時にても閲覧することを得る。

この短い文章は、衝撃的であった。アイヌ民族共有財産の激動の歴史を思い浮かべないではいられなかった。

明治の初め頃、巨額であった十勝アイヌ民族の共有財産は、その後、幾多の転変、激動の歴史をたどった。現在も同様である。アイヌ文化振興法が一九九七年に制定され、その付則第三条によって、北海道知事が「現に」管理していた全道各地一八件のアイヌ民族共有財産を、アイヌ民族の共有者の、申し出たものに返還することになった。かつて地域によっては今日の貨幣価値で億に達する額だったアイヌ民族共有財産は、北海道旧土人保護法によって北海道庁の管理に取り込まれ、部分的に救貧や教育資金に使われたこともあったのだが、その後事実上放置され、全道で総額わずか一三〇万円余に減っていた。しかも北海道庁の財産管理経過は、まったく不明であった。アイヌ民族の長老小川隆吉氏ら二五名が、管理経過を明らかにすることを求めて、一九九九年、北海道知事に対して裁判を起こした。二〇〇四年の札幌高裁判決で、北海道知事に管理経過の調査の不明部分のあることが明確に認められた。しかし返還の差し止め請求そのものは、「現に」管理している財産を返すという文言が壁になって敗訴した。裁判所は、「現に」管理していない共有財産は、不明であろうと問題にしないというのである。付則が「現に」という文言を入れたのは、国側当局のなんという「周到さ」であろうか。原告団や弁護団、支援する者たちは、憤激したものである。二〇〇六年に最高裁でも棄却された。そのアイヌ民族有志の裁判闘争の意味も、あらためて浮かび

＊1　引用史料、カタカナをひらがなに直した。難しい表現を改めたところもある。以下同。

上がってきたのである。

アイヌ民族共有財産は、明治期を通じて、全道各地で紛争を続けた。共有財産の激動の歴史は、北海道庁が一九七三年に刊行した『新北海道史』第四巻通説三の「第六編　拓殖の展開」でも、手短に説明されている。説明は、「土地問題とともに、道庁のアイヌ政策に疑惑をいだかせたのは、アイヌ共有財産の管理の仕方であった」と始まる。共有財産を、下賜された教育資金など三種類にわけて、そのいずれも問題になったと述べている。三種類の第二にあげられているのが、「アイヌの共同事業から生み出された共有財産」をめぐる紛争であり、これが共有財産紛争の最大のものとなった。そのなかで中心になったのは、前に述べたように「十勝アイヌの共有財産」であった。『新北海道史』の説明のその部分を次に紹介する。

……第二はアイヌの共同事業から生み出された共有財産で、当時問題となったのは十勝アイヌの共有財産であった。開拓使は、漁場持廃止以後の数年間アイヌの共同事業として官の保護のもとに漁場を経営させたが、その事業の利益や漁場を貸与した収入が蓄積して三万余円となり、三県から道庁へ、さらに嘱託された保護管理者によって管理されていた。嘱託管理者による取扱いには多くの弊害があり共有財産は分割されやがてアイヌの手からしだいに失われていったが、当時もっとも問題となったのは三県から道庁にかけて官庁がこれを保管した時期についてであった。とくに、共有財産をもって共同運輸会社（のち日本郵船会社）の株を買い、道庁時代にはいるとそれを札幌製糖・北海道製麻の二会社の株に替えたため、両社の破綻によって共有財産をいちじるしく減殺したという事実は、世の指弾をあびたのである。……

これらの三件はいずれも帝国議会で指摘され攻撃された事実であるが、要するにアイヌ民族共有財産は、官庁や官吏個人が寄託された場合にはその管理が適正を欠き、または全く活用されないまま死蔵され、これを民間有力者の管理にゆだねた場合には種々の不正や弊害を生じたのであって、共有財産を確実に保全しアイヌの福祉に活用するための制度と誠意を欠いていたことは、否定できない事実であった。

以上のような、土地問題と共有財産管理に象徴的にあらわれているようなアイヌの窮状にたいして、一般の認識がひろがるにつれて、一方で道庁当局にたいする批判がおこるとともに、なんらかの保護制度が必要であるとする主張もまた強まってくるのである。

（一七九―一八〇頁）

『新北海道史』の説明に補わなければならない所は、後に述べるようにあまりにも多々あるが、北海道庁側の説明でも、近代初期のアイヌ民族共有財産の管理問題で北海道庁の側に重大な責任のあったことは、十分にわかる。十勝アイヌ民族の共有財産は、明治初期に、アイヌ民族の十勝川の漁業を中心とする事業で蓄積された、今日の億単位にあたるものであった。

まず道庁からの嘱託管理者による取扱いに、多くの問題のある時期があった。ついで、「もっとも問題となった」のは、「官庁がこれを保管した時期」であった。三県から道庁にかけての、官の直接管理時代である。年でいえば、一八八四年（三県時代）から一八九〇年（道庁時代）の時期である。

北海道庁によって共有財産を株券にかえられたアイヌ民族に、経営破綻のために大被害をあたえる一因となった札幌製糖会社（一八九八年設立）も北海道製麻会社（一八八七年設立）も、道庁薩摩閥が占めた高官、理事官たちが中心になって設立した会社である。『新版アイヌ政策史』（一九七二年）では、著者高倉新一郎も、道庁に保護された「御用会社」と呼んでいる。しかし、社長の相次ぐ相場投機の失敗（北海道製麻会社）や、同じく社長の株券偽造事件（札幌製糖会社）、採算見通しの当初からの見誤りなどで負債をだし、あるいは破綻する。薩摩閥高官と御用会社特有の杜撰、乱脈をきわめた経営であった。

引用した『新北海道史』の文章のまとめの部分は、筋が通っていない。「なんらかの保護制度が必要」になっていたとまとめられている。北海道旧土人保護法制定の必要性へとつなげて説明されている。しかし、もともと「官の管理」にこそ多くの問題があった。北海道旧土人保護法が規定した共有財産管理も北海道庁長官による「官の管理」なのである。その管理には、以後も問題が出るだろうと予想するのが当然である。現に今現在、国と北海道知事は、財産の管理経過を明らかにできないままでいる。表紙に「永年保存」と記されたはずの財産台帳すら、現在の北海道庁にほんの断片的にしか保存されていないのが現実である。旧土人保護法以来でも、一〇〇年余を経るのだが、アイヌ民族自身の財産について、アイヌ民族に、台帳の公開はもちろん、財産管理の説明もされたことがない。

一方、当時のアイヌ民族の状況について、『新北海道史』の説明は、「アイヌの窮状」というとらえ方だけをしている。しかし次に紹介するように、『新北海道史』は、事実をまったく無視しているのである。

3　近代アイヌ民族の民族運動

事実を説明しよう。十勝地方では、アイヌ民族の激しい民族運動が巻き起こっていた。一八九二年には、十勝アイヌ民族の集会が、くり返し開かれた。

札幌製糖会社の株式偽造が発覚するなど、御用会社の不正が、帝国議会予算委員会で追究された翌年のことである。『北海道毎日新聞』が「十勝アイヌ民族総会」を報道した。「旧土人総会」という見出しを付けている。

「十勝外四郡各村三百十戸」のアイヌ民族は、一八九二年一月一八日、アイヌ民族総会（「旧土人総会」）を開いて、「旧来土人取締上の悪弊」を改めて、今後のアイヌ政策、また政策の「改良法」について、請願書をつくった。大津村の和人、大津蔵之助を「代人に選挙」し、大津は、釧路郡長に願意を述べて、一月二二日に願書を差し出した、と報じた。

また、北海道大学付属図書館北方資料室には、「十勝外四郡土人関係書類」という表題の分厚い冊子が保存されている。一八九二年、アイヌ民族が、くり返し提出した多数の請願書など、原本がとじ込まれている。

請願書の代表例のひとつとして、右の「十勝外四郡土人関係書類」から、十勝アイヌ民族が、一八九二年六月二二日に、「十勝外四郡各村旧土人（アイヌ民族）惣代」大津蔵之助を通じて道庁内務部長へ、「至急」出願した長文の全六項の、ごく一部（第六項）を、当時の候文を現代語訳して紹介する。

（第六項目の現代語訳）

一、右の（アイヌ共有財産の共同漁場自営の）詳細な方法書をもって、請求を箇条書きにして、（郡役所へ）出願したのだが、ただの一箇条も明らかにしてもらえない。椎原（釧路）郡長は、言を左右にして、ただ引きのばして、すこしも（十勝アイヌを）かえりみないので、まったく困難におちいっている。われらアイヌは、相当の財産（アイヌ共有財産）があるのに、圧制され、（共有財産の管理の権を失い）、（役所の）束縛のもとに苦しみ、自営活計の道をさまたげられ、（まるで）重罪人の治産を禁止されたものみたいだ。状況をくわしく郡長へ差しだしておいたので、事情を賢察され、至急に郡長へ（共有財産の送金）処理をさせるように（道庁内務部から）命令をしてほしい。もし（アイヌ共有財産の漁場を取り戻せず）今年の鮭漁の時期をのがした時は、（十勝アイヌ）三一二戸は、失業に苦しんで、雪中に餓死をまぬがれないので、

（道庁内務部長に）電報を打って、御救護をしてくださるように謹んで願いあげます。

釧路郡長のアイヌ政策の「悪弊」を訴えている。訴えは、第一に、郡長が、「ただ引きのばして、すこしも（十勝アイヌを）かえりみない」と、第二に、そのために「餓死」に瀕している、第三に、冬季の食料のために、共同鮭漁業を取り戻したい、と訴えている。

「われらアイヌは、相当の財産（アイヌ共有財産）があるのに、圧制され、（共有財産の管理の権を失い）、（役所の）束縛のもとに苦しみ、自営活計の道をさまたげられ、（まるで）重罪人の治産を禁止されたものみたいだ」、という文章は、近代アイヌ民族の歴史にとって、とても重要である。

釧路郡長の非を訴えて、道庁の救護を求めているのだが、アイヌ民族が、道庁に依存しようとしているなどと誤解してはいけない。重要なことは、財産を「圧制」されて、「治産を禁じられたものみたい」だというアイヌ民族の訴えの趣旨である。官の「束縛」を求めていないところに、とくに注意する必要がある。

また、地元大津町の和人、大津蔵之助の役割についても注意が必要である。戦前、北海道庁が刊行した『北海道旧土人保護沿革史』の第三節「十勝国旧土人共有財産」は、大津蔵之助ら、アイヌ民族に協力的に関わった地元和人について、次のように指弾している。「内実に於ては、本財産に野心を有する一部の和人が、同族有力者を扇動して為《な》さしめたものであったらしい」、と。北海道庁は、このように、野心をもった地元和人の「扇動」としている。しかし、右に一部だけ紹介した請願書の内容を見れば、『北海道旧土人保護沿革史』の指弾の問題点がわかる。

アイヌ民族と地元和人は、確かに立場がちがう。一方、道庁から嘱託された管理者、江政敏らは、地元民ではなくて、外来の函館商人であった。官と結んで、地元和人をも、十勝川（旧大津川）の漁業から排除したのである。確かに、大津町の地元和人も、外から来た官と結んだ大商人に対抗するために、自己の利害で動いたところがあった。それは、当然であろう。そのうえで、立場がちがいながら、一定の、あるいは本当の協力関係が生まれてゆくのである。そういう側面があるからといって、地元和人の「扇動」とするのは、まったく一面的である。実際に、争うべきアイヌ政策の悪弊があった。請願書には、まちがいなくアイヌ民族自身の要求こそが盛りこまれていた。「十勝外四郡土人関係書類」には、アイヌの惣代、リクンテキら数人が、大津蔵之助とともに釧路郡長のところへ赴いたことが記されている。野心をもつ地元和人の「扇動」とするのは、事柄をあえて一面化する北海道庁の中傷である。

さらに展開を見ると、一八九三年には、「古民財産管理法」がつくられる。「古民」とは、アイヌ民族である。正式名称は、「十勝国中川・河西・河東・上川郡、古民財産管理法」全一五条である。この管理法ができる様子は、「北海道土人陳述書」に、次のように記録されている。帯広村へ新任の郡長が赴き、十勝アイヌ代表を召喚した。アイヌ民族は、新郡長に「交々（こもごも）縷《る》述」した。そして新郡長は、次のように報告せざるをえなかった。

（アイヌ民族）彼是（かれこれ）の云ふ処、実にその当を得たり

このように、財産管理法ができるには、アイヌ民族の主体的な運動があった（新郡長のしたことは、後に道庁の批判を受ける）。第七条、「総て、物代人の申し出にして正確なるものにあらざれば、支出せず」。総代人というのは、アイヌ民族長老「トレツ」である。第八条、第九条には、「通常報

告」は三ヶ月ごとに、「決算報告」は年度ごとにする、と記されている。第十二条ではさまざまの帳簿の作成も決められた。

そして翌年、一八九四年八月、日清戦争勃発直後のことである。中川郡で、本稿の冒頭に吉田菊太郎文書から紹介した「中川旧土人財産保管組合規約」が、決議された。十勝国中川郡のアイヌ民族の全戸一三五戸は、チヨロカウクを総代人として、財産保管組合をつくった。全二〇条であった。一〇ヶ村の惣代、二二名が白人村に集まり、「協議」をして「決議」した。二二名の捺印が押されている。保管する財産は、共有金、漁場、地所、建物、牛馬、株券などである。役員は、総代人一人、取締役二人、組頭一〇人（村ごとに一人）があたる。組頭は、「オテナ」とも呼ぶ各村の代表である。「協議会」を置いて、総代人または、組頭半数以上の請求があれば、開催しなければならない。冒頭で紹介したように、詳細な「財産台帳」が作成され、「組合員において、何時にても閲覧することを得」た。今も、「財産貸預渡帳」という、一八九五年一月作成の詳しい財産出入りの記録が現存する。

アイヌ民族役員は、全員「無給」である。別に代理人の役割をする和人「雇員」、事務員を設ける。雇員には規約で規定された給料、年一二〇円以内を払う。ちなみに一八九四年当時、大卒社員の平均初任給が年一四〇円余であった。雇員内海勇太郎は元大津町民で、中川郡白人村アイヌコタンに永住するのだが、給料は地方在住の和人としては厚遇かもしれないが、搾取的な給料とはとても言えない。「自己の不注意より出たる組合の損害を償ふべし」などと雇員の責任も決められている。組合の活動に大事な「出張費」も、アイヌ民族役員は中川郡内出張、一日二五銭、他郡出張、三〇銭、また和人雇員は「実費」支給である。一八九五年当時、大工日給が三一銭、日雇人夫が二二銭であった。無給のアイヌ役員は、組合用務で出張した場合、大工や日雇の日給程度の出張費を支給されたのだった。

組合員の病院治療費や薬代、そして戸数割りなどの地方税も財産保管組合が一括支払った。領収書や支払伝票の原本が、今も「官署関係書類」に綴じ込まれて保存されている。戸数割税は少額だが、当時他の地方では、少額の戸数割税の滞納で差し押さえ（破産）になるアイヌ民族が続出していた。[*2] このように、「財産保管組合」と、実務的な名称であるが、実質はアイヌ民族自身が自治自営と相互扶助の活動を行うアイヌ民族組合の性格をもっていた。一八九四年一二月、中川郡アイヌ共有財産が旧財産管理組合から引きつがれ、翌年一月から「財産貸預渡帳」の運用が始まる。

同じ一八九五年の一月初頭、『北海道毎日新聞』は、日高郡沙流アイヌ鍋沢サンロッテーと北海道毎日新聞社員が上京し、帝国議会貴族院に陳情したことを報じた。沙流アイヌ民族だが、十勝アイヌ民族の共有財産管理問題も大きく取り上げ、全道アイヌ民族からの問題も陳情した。これを受けて、民党系の衆議院議員六名が「北海道旧土人に関する質問書」を帝国議会に提出した。それに対抗して、北海道庁長官は、「弁明書」を作成し、帝国議会議員に送った。アイヌ民族共有財産管理問題を中心とする、北海道庁長官が作成した弁明書と弁明のための資料集なのである。今、北海道大学付属図書館北方資料室に当時の写本が保存され、「北海道土人陳述書」というタイトルを付けられている。『北海道立アイヌ民族文化研究センター研究紀要』第五号（一九九九年）に全文を復刻して紹介した。一八九三年の、アイヌの運動に圧されてつくられた「古民財産管理法」も、そこに記録されている。

検討する必要があるのは、帝国議会での陳情運動の背景である。十勝アイヌ民族が「古民財産管

＊2　中村一枝『永久保秀二郎の研究』（釧路市、一九九一年）二〇六―二〇七頁。

理法」を勝ち取って、さらに、十勝中川郡「財産保管組合」をスタートさせた時期が、沙流アイヌ民族の帝国議会への陳情と重なっている点である。開かれてまもない帝国議会では、民党が優勢で、藩閥政府を、北海道庁の薩摩閥高官の不正乱脈問題を中心のひとつにして、追いつめていたことは知られている。北海道のアイヌ民族の問題も当時、新聞などで注目されていた。当時、札幌で開かれたバチェラーやアイヌ民族も登壇したアイヌ演説会は、四〇〇名という多数の市民を集めた。東京や京阪神での演説会も、千人という聴衆を集めたことを、富田虎男氏が見出していた。[*3] 藩閥政府に対する民衆の反感が、人々の盛り上がりの底流にあったのである。この時期、道庁や新郡長が、「古民財産管理法」を容認するなどの譲歩をしたのは、こういう時代の背景があったのである。闘うアイヌ民族たちは、大局的で的確な政治判断をもっていたと見ることができよう。

十勝のアイヌ民族の民族運動の展開をさらに見てみよう。一八九六年、中川郡アイヌ財産保管組合のアイヌ民族は、全戸が、「開墾予定地」の仮下げ渡しを願い出る。すべて保護地の限度面積の五町歩で、アイヌ民族が「永久所有し得られそうろうよう」にと願い出る。悪い地所、「凹地」などは、希望地絵図面を添えて替え地を願い出る。この実務は、和人雇員内海勇太郎があたった。アイヌ民族の自治自営の運動であり、しかも、みずから農業民をめざした。

翌年一八九八年は、保護法制定の前年にあたるが、十勝国各村についての官側の『北海道殖民状況報文　十勝国』の報告内容が注目される。十勝中川郡アイヌ民族には、プラオ（洋式犂）やハロー（砕土機）を持つもの、馬耕するものが多数おり、またすでに、五町歩内外の地を「開墾」して、なお二、三町歩を「開墾」するものも少なくない状況であった。一町歩や二町歩余の零細農にして、「開墾」耕種に熱心なアイヌ民族も多いと記されている。富裕なアイヌ（ソブトイ）からプラオとハロー

＊3　「北海道旧土人保護法とドーズ法」『人文学会紀要』四八、一九九〇年。

を共同借用するアイヌの人々もいる。また、多くのアイヌ民族が馬を多数持っていた（同書、一四四頁・一七一頁）。このように、中農や零細規模の十勝アイヌ民族も、アイヌ保護地の限度の五町歩、あるいはそれ以上の農業をめざしていた。農地獲得運動の背景には、先ほど見たように、アイヌ民族財産保管組合、和人雇員の活動などがあったのである。

アイヌ民族は、結束して、官に対して苦闘しながら、近代文明にも柔軟に対応し始めていた。プラオやハローという欧米的な、当時、最先進だった近代農法に対応することも、ある程度の時間があれば、当時のアイヌ民族にとって難しいことでなかったことを、以上の事実が示している。

4　「屈辱的な民族差別法」

その一方では、同じ一八九八年、国は、北海道国有未開地処分法を発布した。農業用地の払い下げ限度面積は、一人一五〇万坪（五〇〇町歩）以内という大規模な面積に広げられた。華族や高級官吏、資本家が、大規模寄生地主経営を求めて北海道に入る。御用会社を設立し、アイヌ民族に大被害をあたえる一因をなした理事官たち（薩摩閥領袖の堀基や橋口文蔵ら）も、大土地払い下げを受けて、群を抜いた大規模寄生地主の位置を築いた。

このようななかで、一八九九年の北海道旧土人保護法が制定される。第一条で、一万五千坪（五町歩）以内の土地を、申請によってアイヌ民族に無償下付できるとされた。国有未開地処分法の、わずか百分の一である。しかも第二条で、「土地所有」とは言えないほどの「制限」が加えられる。また、第一〇条で、北海道庁長官は、アイヌ民族共有財産について全権をもつと規定された。

紹介したアイヌ民族運動の展開を前提にしてみると、旧土人保護法が、時代にまったく逆行したものだったことが明らかになる。ちなみに、一九八四年にアイヌ民族自身が作成した「アイヌ新法(原案)」の前文では、次のように、保護法を位置づけている。

アイヌ民族問題は、日本の近代国家への成立過程においてひきおこされた恥ずべき歴史的所産であり、日本国憲法によって保障された基本的人権にかかわる重要な課題をはらんでいる。このようなことは政府の責任であり、全国民的な課題であるとの認識から、ここに屈辱的なアイヌ民族差別法である北海道旧土人保護法を廃止し……。

アイヌ民族が当事者であり、当事者の「屈辱的なアイヌ民族差別法」という認識が保護法の実像なのである。それを、土地問題と共有財産問題でさらに具体的に見ておこう。

保護法の第一条で、土地の無償下付ができるとされた。しかし、第二条で「制限」が加えられた。その土地は、譲渡も、抵当に入れることもできない。「制限」は、それにとどまらない。アイヌ民族が以前から所有している土地も、譲渡や抵当権の設定を、長官の許可制にしたのである。

この制限に関連して、帝国議会で保護法の審議中に、対雁の樺太アイヌ民族組合長に任じていた和人上野正が保護法案を手厳しく批判している。一八九九年二月三日付『北海道毎日新聞』は、上野正の談話を掲載した。樺太アイヌが、対雁に強制移住させられたことは知られているが、官の役人を辞して、その組合長に就いていた、『対雁の碑』(北海道出版企画センター、一九九二年)でも評価された人物が上野であった。

上野正は、財産に関するすべてが、「長官の認可」を得なければ何もできないとすれば、アイヌ民族が種々行ってきた金融は「全く廃滅」に帰すと言う。今までアイヌ民族が、農業でも、「地所を抵当として、金融」をして、「その資本をもって、他の開墾」その他の事業に従事するなどのことは、「彼等（アイヌ民族）の常態にして」と、アイヌ民族にとって、たとえ小規模であっても、その土地を抵当に金融を得て開墾地を広げ、または事業（漁業には金融が必須である）をすることは、すでに「常態」と指摘する。上野正のこの指摘が正しいことは、先に見たとおりである。

上野正は、さらに批判を展開する。旧土人保護法をもっては、アイヌ民族は、「禁治産者と同様にして、自己の意思の自由を束縛せられ居るもの」、アイヌ民族の「発達を防止するもの」と批判する。保護法は、「旧土人（アイヌ民族）全滅法」に転ずる、と痛烈に締めくくった。上野の主張は、前述の、七年前の九二年以後、官にくり返し訴えていた十勝アイヌ民族の、「重罪人の治産を禁せられたるもの」、「束縛の下に」苦しんでいる、「自営活計」を求めるという主張と同じ趣旨である。アイヌ民族は、「禁治産者あつかい」の保護法を、けっして望んではいなかった。たとえ和人であっても、もし金融を「長官の許可制」にすれば、金主は警戒して金融が閉塞し、「倒産者」は「軒をつらぬるに至るべし」という上野の指摘は、正当なのである。

一方、旧土人保護法第一〇条で、北海道庁長官と内務大臣は、アイヌ民族共有財産を、「指定」し、「管理」し、「処分」することができると共有財産管理の全権を奪い取った。

長官の管理下に置かれた各地域のアイヌ民族共有財産の使用目的が、保護法細則によって、貧困者への農具・種子の給与、貧困者への薬価給与・埋葬料給与、貧困子弟への授業料給与の財源に限定されたことも重要である。従来の、国庫が本来負担すべき救助の財源に、アイヌ民族共有財産を取り込んだという指摘は的を射ていると思う。[*4] しかしさらに一方では、共有財産の使用が、救貧に

＊4　榎森進『アイヌ民族の歴史』（草風館、二〇〇七年）四四一頁、山田伸一『近代北海道とアイヌ民族』（北海道大学出版会、二〇一一年）三三二頁など。

限定されたことによって、アイヌ民族が、出張活動費など積極的な「自営活計」への活用や、戸数割税一括支払など相互扶助と結束への活用の道を、完全に閉ざされたことが、さらに重大なのである。

国は、保護法提案理由で、「アイヌは無知蒙昧の人種にして、その知識幼稚にして、利益は内地人に占奪せられ、漸次保護してやらねばならぬと思ふ。皇化に浴する日浅く、その知識の啓発頗る低度。日に月にその活計を失い、空しく凍死を待つほか無き観あり」と述べたが、「無知蒙昧」、「知識の啓発頗る低度」と善意を装った、実態に目を向けない蔑視そのものである。

アイヌ民族は、たとえ零細農であれ、結束して「自営活計」を求めていた。提案理由のように「無知蒙昧」の「死を待つだけの民族」ではなかったのである。アイヌ民族の「自営活計」を求める運動は、このようにして、北海道旧土人保護法によって、その法令をもって、まったく「圧制」「束縛」された。「保護民扱い」による広範な被害も含めて、アイヌ民族がどれほどの経済的被害をうけたか、想像することも難しい。

保護法の提案理由を説明した白仁武は、『北海道土人陳述書』や「十勝外四郡土人関係書類」によれば、十勝アイヌ民族の紛争のさなかには、郡長の要請によって十勝へ参事官として巡回、紛争を視察した北海道庁役人であった。白仁武は、アイヌ民族の力量を、よく知っていたのである。そうであれば、アイヌ民族の長老貝澤正が、一九七二年、次のように言ったことを想起する。[*5]

もっとも無知蒙昧で非文明的な民族に支配されて三〇〇年……、アイヌは「旧土人保護法」という悪法の陰にかくされて、すべてのものを収奪されてしまったのだ。

＊5　貝澤正『アイヌ　わが人生』（岩波書店、一九九三年）六頁。

「もっとも無知蒙昧で非文明的」な民族（和人のことである）という貝澤正の言葉は、当局や学者に向けられたものだったと私は思う。前に見たように『新北海道史』は、共有財産を管理する「制度と誠意」が欠けていたと述べていたが、事実を無視していた。「制度」は、公開制のある制度として、すでにアイヌ民族がつくって、奮闘していたのである。「古民財産管理法」や「財産保管法」の名前だけを、高倉新一郎は『新版アイヌ政策史』の本文であげていた。アイヌ民族運動の史料「十勝外四郡土人関係書類」も、北海道大学に入れたのは、高倉新一郎たちアイヌ学者である。

白仁武のような当局者も学者も、アイヌ民族が奮闘する事実を眼前にしていた。しかし、アイヌ民族は、「窮状」にある者、弱者としてしか描かれなかった。そこに、戦後、二風谷ダム裁判で萱野茂とともに徹底的に闘った、民族の長老貝澤正の心底からの怒りがあったと思う。

［付記］本稿のもとになったのは、二〇〇三年一二月二日、札幌高裁で行った二時間の証言である。小川隆吉原告団長、原告団、弁護団、支援する会ほか多くの方に学習会などで教示をいただいた。弁護団には、連日深夜に及んだ勉強会でお世話になった。房川樹芳弁護士はじめ弁護団が提起された民族の財産「総有」という考えには啓発された。本稿がその問題の手がかりにでもなれば幸いである。アイヌ民族共有財産裁判記録集『百年のチャランケ』（緑風出版、二〇〇九年）に証言速記録全文が収録されている。最高裁での棄却後しばらくして、筆者の幕別町史料調査を取材した北海道新聞椎名宏智記者と、一ヶ月余続けた史料の検討会でも本稿に関わるさまざまの教示をいただいた。『北海道新聞』二〇一〇年八月三〇日朝刊に「十勝のアイヌ　旧土人保護法前、組合で財産管理」（見出し）記事が掲載された。同時に、同紙十勝地方版に、三回の連載記事が掲載された。帳簿の写真や簡明な解説、アイヌ史研究者榎森進氏の有益なコメントなどが掲載されている。また十勝の地

元、大津・十勝川学会の有志の方々からも十勝の歴史について教示をいただいた。

●参考文献

貝澤正『アイヌわが人生』岩波書店、一九九三年
「北海道収用委員会における貝澤正の申立」は、「火を吹くような」文章。それぞれの文章には、当事者でなければ記せない真剣さがあり、それを訴える知性が輝いている。
萱野茂『アイヌの碑』朝日新聞社、一九八〇年
萱野氏は、一九二〇年代の生まれ。父の生いたちが生き生きと語られる。その青年期、沙流川鮭漁取締は、アイヌを苦しめながらもまだゆるやかだった。旧土人保護法が、アイヌ民族を徹底的に追いつめた。語られる年代の流れに注意しながら読んでほしい。
樺太アイヌ史研究会『対雁の碑――樺太アイヌ強制移住の歴史』北海道出版企画センター、一九九二年
樺太アイヌ強制移住を、原史料を探し、フィールドワークして叙述した民族史の初心というべき本。アイヌ民族と和人研究者の共同の成果である。あとがきに記されているように、史料は、ほんの一部が使われただけという。誰かの手で、またすばらしい続編が書かれるはずである。
「アイヌ民族共有財産裁判の記録」編集委員会編『百年のチャランケ――アイヌ民族共有財産裁判の記録』緑風出版、二〇〇九年
北海道知事と争う裁判の記録である。裁判に立つことも困難に満ち、裁判が八年間続いたことは、アイヌ民族現代史の官制の年表から省かれているのが現状である。だが、財産は、個人のものではない、民族全員のもの、と陳述する原告たちの、民族の矜持は、永遠に記録に留められた。釧路の原告は、厳粛な法廷で、裁判長の眼前で民族衣装に着替え、苦闘そのものの生いたちから語り始めた。法廷に居た全員の記憶に焼き付いている。譲れない民族の誇りが静かに躍動している。全六一〇頁余の大著だが、アイヌ民族原告団の陳述の一々を読んでもらいたい。

第2章　アイヌモシリの軍事化
――旭川における陸軍基地の創設をめぐって

越田　清和

1　はじめに

私が住んでいる札幌市南区には陸上自衛隊の真駒内駐屯地が広がり、広大な敷地の中に第十一旅団の司令部や戦車大隊など多くの部隊がある。駐屯地のまわりは、アパートや一戸建ての住宅が並ぶ住宅街で、「自衛隊前」という地下鉄駅もある。この真駒内駐屯地から車で一〇分ほどの所から札幌市の南東部・北広島市・恵庭市・千歳市をまたいで、「北海道大演習場」（総面積九六〇〇ヘクタール）という広大な演習場があり、自衛隊が演習をしていると、風向きによっては「ドーン」という音が、一〇キロメートル以上離れた私の家でも聞こえることがある。

「真駒内」は、もともとアイヌ語で「マク・オマ・ナイ＝山奥に・入っている・川」という意味だったようだ（山田秀三『北海道の地名』北海道新聞社、一九八四年）。アイヌ民族の言語学者、知里真志保（一九〇九―一九六一年）は、アイヌ民族は、もともと川は「海から上陸して村のそばを通り、村のうしろの山奥へ入って行く生物」と考えていたと説明し、川だけでなく「山でも沼でも鳥でも木でも岩でも、いっさいの地形地物は生物なのであり、そういう点をしっかりとつかんだ上でなければ、アイヌ語の地名の正しい理解と解釈は不可能である」と述べている。[*1]

いま私たちの目に映る住宅や高層アパートが並ぶ「真駒内」、私たちが口にし音で聴く「マコマナイ」からは、アイヌ民族がつけた名前の意味はまったく伝わってこない。まして、川を含めたすべての「地形地物が生物」であるという考え方は想像すらできない。アイヌ民族が地名に託した知識や記憶は、こうして私たちの前から奪われ・忘れられ、この島は「日本の領土」であるという意識が、あたり前のことになっていった。

札幌（サッ・ポロ・ペッ　乾く・大きい・川）に限らず、北海道には、自衛隊の基地・駐屯地が多い。北海道にある市町村一七九のうち、自衛隊や米軍施設がある市町村でつくる北海道基地協議会には五九の市町村が加盟している（二〇一〇年）。とくに陸上自衛隊が多い。陸上自衛隊員約十六万人の四分の一が北海道に配置されている。

アイヌモシリ（「北海道」）に限らず、先住民族の土地（空や海、地下も）が軍事目的で占領されることは多い。先住民族の多くは「中央」から遠く離れ、近代国家によって設定・変更された国境線の周辺に住んでいる。「中央」政府は先住民族の広大な先祖伝来の地を人が住んでいない「空白地帯」とみなし、軍事基地や大規模演習場、核実験場、核廃棄物処理場などが、世界各地の先住民族の地につくられてきたのだ。

例を挙げてみよう。

フィリピンでは、一八九八年に始まる米国の植民地支配のもとで、狩猟や農耕をしていた先住民族アエタの土地が米軍のスービック海軍基地とクラーク空軍基地とされ、大規模な強制立ち退きが行われた。そのため、アエタ民族の中には基地周辺に住み基地内の廃品回収や守衛として働かざる

＊1　『知里真志保著作集　第三巻』（平凡社、一九七三年）二四七―二五〇頁。

をえなくなった人たちもいた。[*2]

アボリジニの土地やマーシャル諸島など太平洋の島々、米国ネバダ州北部のウエスターンショショーニ民族の土地などでは、数え切れないほどの核実験が行われきた。[*3] いま進められている「米軍再編」によって、太平洋艦隊の六〇％がグアム島（チャモロ・ネーション）を母港にしようとしている。[*4]

グリーンランドのイヌイットは、一九五一年頃から建設が始まった米軍のチューレ空軍基地建設によって、一九五三年に一四〇キロメートルほど離れた土地に強制移住させられた。しかし、そこでは狩猟や漁業が振るわず多くのイヌイットが公的扶助に頼らざるをえなくなった。このためイヌイットのグループはデンマーク政府を相手に帰郷や損害賠償をもとめる訴訟を起こした。二〇〇三年、デンマーク最高裁は、強制移住が不法なものだったと少額の賠償のみの命じた判決を下したが、土地の返還は認めなかった。[*5]

こうした例が示すように、先住民族と軍事基地・軍事演習・核実験が結びつけられるのは偶然ではない。先住民族の土地を収奪し軍事施設を造り、軍隊を常駐させる（あるいは演習を行う）という、軍事占領の結果、先住民族の中に軍事化をもちこみ、それまでまったく無縁だった「国家安全保障」という論理に組み込むことになる。軍隊の常駐は植民地支配に抵抗する先住民族に対する「治安対策」となり、同時に、その地が「自国の領土」であることを他国に対して示すことにもなるからである。

本章では、旭川市の近文地区（永田地名解では「チカプニ　鳥・居る・処」）に住んでいたアイヌ民族（「ペニ・ウン・クル　川上に・居る・人」と呼ばれていた）の歴史をふりかえり、先住民族と軍事化

＊２　アエタ民族と米軍基地については、清水展『出来事の民族誌――フィリピン・ネグリート社会の変化と持続』（九州大学出版会、一九九〇年）二七一―二八頁、Cunanan, Jose, "The Impact of the United States Military Bases on the Negritos: Victims or Beneficiaries?", *Minoritized and Dehumanitized*, CCA-URM and NCCP-PACT, 1983 (Manila) を参照。

＊３　先住民族と核をめぐる問題については、上村英明『先住民族の「近代史」』（平凡社、二〇〇一年）の第六章「核開発と先住民族の「核植民地化」」にくわしい。また、ＮＨＫＢＳ「世界のドキュメンタリー」で放映された『石油高でウラン鉱山が復活する――揺れるカナダ先住民族』（二〇〇七年一〇月五日放映）、『ポリネシア――引き裂かれた楽

の問題について考えていきたい。

旭川市は、人口約三五万人（二〇一一年現在）、北海道第二の都市である。北海道の「軍都」として知られ、現在も陸上自衛隊第二師団の司令部をはじめ、特科連隊（戦車などの部隊）や高射特化大隊（空からの攻撃に備える部隊）など多く部隊が駐屯している（http://www.mod.go.jp/gsdf/nae/2d/を参照）。自衛隊が海外派兵をするとき、この第二師団が最初の派遣部隊となることが多い。日本社会の軍事化と深く結びついている街、と言ってもいいだろう。

今から百年ほど前に創設された陸軍第七師団（現在は陸上自衛隊第二師団の駐屯地）を対象に、この軍事基地がこの地に先住していたアイヌ民族に何をもたらし、アイヌ民族がそれにどう対応したのか、を軍事化や暴力という切り口から考えてみたい。

そこには大きく二つのねらいがある。

ひとつは、アイヌ民族の歴史を軍事化という視点から読み直し、彼ら・彼女らがこの流れにどう巻き込まれ・対応していったのかについて考えることである。米国のフェミニスト、シンシア・エンローは、スターウォーズの衛星をかたどったパスタが入ったハインツ社のトマトスープをとりあげ、この「小さな宇宙兵器」のパスタは、子どもたちにヘルシーな料理を食べさせようとする多忙な女性に訴えるものとして考案されたのではないか、と推測する。そして、この「スターウォーズ・スープ計画では、たくさんの人々――企業の営業担当者、栄養士、母親と子供たち――が軍事化されている」と分析する（シンシア・エンロー『策略――女性と軍事化する国際政治』岩波書店、二〇〇六年、一九―二一頁）。

この章でいう「軍事化」も、エンローが言うように、戦争や軍隊に動員されていくというだけで

園』（二〇〇九年七月一六日放映）、『核開発の傷あと――オーストラリア』（二〇〇九年七月一七日放映）も、先住民族がウラン採掘と核爆発実験によって大きな被害を受けている実態をくわしく伝える。

＊4　米軍再編にともなうチャモロ・ネーションの軍事化については、山口響「短期集中連載　海兵隊グアム移転――誰のための負担軽減なのか」（季刊ピープルズ・プラン、四八号、二〇〇九年から連載中）および吉田健『「米軍のグアム統合計画――沖縄の海兵隊はグアムへ行」（高文研、二〇一〇年）にくわしい。

＊5　朝日新聞二〇〇四年六月九日。

なく、これまで軍隊がなかった地に軍事基地がつくられ兵士が暮らすようになることで、地域と住民の日常生活や思考が軍隊に影響されていくプロセスのことである。

もうひとつのねらいは、自分の住んでいる地域の歴史や現実と戦争・平和の問題を重ねて考えるという「地域からの平和学」がいま必要とされていることを重視したいからだ。いま私が住んでいる「地域」を北海道ではなくアイヌモシリと呼ぶ時、そこには新しい視点で平和や歴史を考えたいという気持ちが込められている。この文章では、近代日本国家による植民地支配にとってアイヌモシリの軍事化は欠かせない政策であった、植民地支配が暴力をともなうものであった、という視点からアイヌモシリの平和を考えたい。[*6]

2　ペニウンクルの地

旭川市は上川盆地の中心に位置し、石狩川とその支流である忠別川、美瑛川、牛朱別川が市内で合流する、いわば川の街である。上川盆地は石狩川を遡上するサケの産卵地だった。川を遡上してくる秋サケや熊、鹿などを主な食料としてこの地に住んできたペニウンクル（以下、現在の旭川市に住んできたアイヌのことをペニウンクルと記す）は、石狩川本流筋と忠別川筋を中心に大きく三つの地域集団をつくり、「一九世紀代には最大で三〇〇人を数える内陸ではおそらく最大級のアイヌ集団」だった、という。[*7]

アイヌモシリの沿岸部や河川の顆粒地域などのサケ漁場は日本人という非アイヌ民族によって支配されるようになってきたが、上川盆地のペニウンクルたちは山と森を中心にした自分たちの自給

＊6　植民地支配は過去のものでなく、現在も社会制度や私（たち）の意識に残り、大きな影響を持っている。こうした問題意識から植民地主義・植民地支配を根底から批判する研究として、岩崎稔ほか編『継続する植民地主義――ジェンダー／民族／人種／階級』（青弓社、二〇〇五年）、永原陽子編『「植民地責任」論――脱植民地化の比較史』（青木書店、二〇〇九年）がある。

＊7　瀬川拓郎『アイヌ・エコシステムの考古学』（北海道出版企画センター、二〇〇六年）一一三頁。

的な生活圏をもち、それをベースに集落の統治を行っていたと考えられる。

この生活圏が非アイヌ民族によって破壊・侵略されるのは、近代日本国家の成立以後のことである。

「北海道開拓」と軍政の始まり

明治維新によって松前藩が廃止されてから、一八六九年七月に設立された開拓使は、蝦夷地を北海道に改名し、一一国八六郡を策定した。石狩と小樽、高島の三郡を「割譲」された兵部省は、石狩場所に働きに来ていたペニウンクルに使者を送り、「春になったら上川から一家を挙げて、当別より下流に移住すること。移住しない者には鮭漁を禁止する」と命令した。

このときペニウンクルのリーダー（総乙名）だったクウチンコロは、その命令にやむなく従おうとする流れに掉さして、「これまでそんな命令をきいたことはないので、石狩に行って確かめる」と兵部省を訪ね、移転の理由を問いただした。[*8] 支配者が誰であろうと（かりに「商人」から「国家」に変わったとしても）、それがこれまで慣習として自分たちが得てきた権利を奪う理由にはならないという原則に立って行動したのである。ペニウンクルが一つの独立した社会をつくり、政治的判断を行い、それを非暴力で実現しようとしたことが、ここにはっきり示されている。

しかし、それから二〇年ほど経って、「北海道開拓」の本格的な始まりとともに、上川盆地にも日本人が大波のようにやってきた。[*9] 開拓使は、その間に何度も石狩川上流にある「原野」の調査や測量を行い、ついには「上川離宮」まで計画する。本格的な「開拓」が始まったのは、札幌と上川を結ぶ道路（上川道路）が一八九〇年に完成してからのことだ。

＊8　『旭川市史稿（上巻）』（一九三一年）七八一八一頁の記述を参考にした。

＊9　「開拓」の前提となる土地私有制を確立するため、北海道開拓使は、一八七二年に「北海道土地売買規則」と「地所規則」を制定し、アイヌ民族が使用してきた土地であっても、後から来た入植者の私有を認めた。

まずやってきたのが屯田兵である。一八九一年に四〇〇戸が永山村に移住してきたのを皮切りに、合計で一二〇〇戸の屯田兵が、屯田歩兵第三隊として駐屯した。それまで、日本人がほとんど定住していなかった上川盆地に、最初にやってきた大量の日本人が軍隊だったというのは、この地をまず軍政下に置いたということである。

それまで開拓使が屯田兵を所管していたが、開拓使の廃止にともない所管が陸軍省に移り、屯田兵は陸軍省の管轄下に置かれるようになり、「陸軍の師団編成に極めて近い軍団組織とな[*10]」り、準師団化が進んだ。

*10 『新旭川市史』第三巻通史三（二〇〇六年）二二五頁。

屯田兵の暴力意識とペニウンクルの抵抗

近文のアイヌ地返還を求めてたたかってきた荒井源次郎（一九〇〇—一九九一年）は、父から伝え聞いた屯田兵とアイヌの「衝突」の話を紹介している。

永山村（アイヌたちはキムン・クシ・ベツと呼んでいた）にやってきた屯田兵が、村相撲の横綱を張ったアイヌ青年に恨みをもちその家を襲おうとした時のことだ。

相撲に強く口達者で喧嘩にも強いアイヌ青年ケトン・チナイはついに屯田兵の怨恨を買い、或る日のこと相撲に負けた四、五人の屯田兵は手に農具用の草刈鎌、鍬、鋸などを持って熊狩りでなくアイヌ狩りだと叫びながらケトン・チナイ宅に向かって前進した。その時これを目撃したアイヌ青年がケトン・チナイ宅に急報したのである。

恰度その時にコタンの青年数人がケトン・チナイ宅に集まり唯一の狩猟場だった当麻周辺の山々を屯田兵の入植により破壊されたことで今後の対策を協議中のところであったので、ケトン・チナイを先頭にアイヌの青年たちは屋外に飛び出して、ケトン・チナイが大喝一声『お前たちはなんの恨みがあってわれわれアイヌを襲うのだ。これ以上近寄ったらアイヌの毒矢でお前たちを射るぞ』と怒声を発したら、その屯田兵たちは驚いて闘わずして退却したという。＊11

ケトン・チナイは荒井源次郎の父親で、北見や天塩の山や川に行き熊や鹿、鮭や鱒を捕っていた人である。父が息子に伝えた話なので誇張があるかもしれないが、この話からは、屯田兵の入植によってペニウンクルの生活圏が破壊されていたことともに、「北の守り」という名目でやってきた屯田兵にとって、具体的な「敵」としての外国人はロシア人ではなく、日常的に接することの多いアイヌ民族だったことがわかる。普段の暮らしで表に出すことのできないアイヌ民族に対する畏怖や反感が、何かをきっかけに「アイヌ狩り」（実際にこの言葉を使ったかどうかは不明だが）のような暴力による支配の意識となって、屯田兵たちの中から出てきたのではないか。

同時に注目したいのは、ケトン・チナイが「アイヌの毒矢でお前たちを射るぞ」と、屯田兵を脅したことである。この地に先住していたという自負をもつペニウンクルたちの、後からやってきた屯田兵たちに負けまいとする強い気概が感じられる。あたり前と言えばあたり前のことだが、このような「ぶつかり合い」は日常生活の中ではよく起こり、「征服」されたかのように見えるペニウンクルたちも「やりかえす」ことがあったのだろう。

ケトン・チナイが、「毒矢」というアイヌ民族のシンボル的な狩り道具を挙げて、脅していることにも注目したい。「毒矢」の問題は、屯田兵などの内面に暴力意識を植えつけるきっかけとも言える構造的な暴力と深く関わっているからである。

その暴力とは、「北海道開拓」によって、ペニウンクルなどアイヌ民族が熊や鹿、鮭などを捕っ

＊11　荒井源次郎『アイヌの叫び』（北海道出版企画センター、一九八四年）八三―八四頁。

ていた土地・山・川を奪い、乱獲によってこうした生き物を激減させたこと、その対応策として鹿と鮭を法的に禁猟とし、アイヌが使ってきた毒矢の使用も禁止したことである。その結果、ペーウンクルのような内陸部に住んできたアイヌの伝統的な生活も破壊されることになった。

ただ毒矢猟の禁止を定めた一八七六年九月の開拓使札幌本庁による布達と同年一一月の「北海道鹿猟規則」によっても、北海道全体で毒矢を使った猟が禁止されるようになったわけではない。日高や千歳・勇払、十勝など各地のアイヌ民族から、この決定に対する異議申し立ての声があがり、一九〇一年の「狩猟法」改定によって初めて狩猟目的のトリカブトなどの利用が完全に違法とされるようになった。[*12]

ケトン・チナイたちにとっても、開拓使による決定は受け入れ難いものであったはずだ。だからこそ、開拓使による命令から一〇年以上経っているにもかかわらず、ケトン・チナイはわざわざ「毒矢を用いて」と言い、自分たちは開拓使（日本人）による一方的な決定に屈していないことを屯田兵に示したのではないのだろうか。

こうした個人的な「抵抗」を呑み込みながら、「北海道開拓」を使命とする北海道庁（日本政府）は、アイヌ民族の生活圏の破壊や一方的な法体系の構築という暴力とともに、植民地支配を進めていく。

3　本格化する「開拓」

ここでは、『旭川市史稿（上巻）』（一九三一年）と『新旭川市史』第三巻通史三（二〇〇六年）を参

＊12　山田伸一『近代北海道とアイヌ民族――狩猟規則と土地問題』（北海道大学出版会、二〇一一年）の第一章「『北海道鹿猟規則』の制定過程――毒矢猟の禁止を中心に」および第二章「『北海道鹿猟規則』施行後のシカ猟」を参照。

考にして、「開拓」という植民地支配についてまとめてみたい。上川盆地では、屯田兵村の設置という軍政を布いたうえで「原野」の区画割を行い、一八九二年一月には、区画した市街地（二五〇万四一六八坪）を「貸し出す」告知を行った。この市街地は、いずれも忠別川や石狩川に接したアイヌの集落のあった土地に隣接している。

同時に、近文原野や忠別原野など「未開地」の区画も行い、移住者の本格的な受け入れを準備した。本格的な「開拓」の始まりである。

しかし「原野」の区画にあたってもアイヌの居住地と生活圏については、一切無視された。先住者であるアイヌに相談し、アイヌの生活圏を確保するという発想は、まったくなかった。

唯一あったのは、一八七七年の「北海道地券発行条例」第一六条にある「旧土人住居の地所」を官有地第三種に編入し、官（開拓使）がアイヌに代わって管理するという措置だった。ところが、この方法では住居の土地しか対象にならず、しかもその対象が札幌県に限られていた。そのため、上川や空知、十勝などで広大な地が「開墾」されるようになると、アイヌに農耕をさせるという「保護」政策の観点からも、「北海道地券発行条例」だけでは不充分であり、生活のために必要な土地を確保すべきではないかと考える官僚もでてきた。

上川では、一八九三年に「旧土人保護地」一五〇万坪が近文原野に設定され、一八九四年四月に、それまで三つの集落に分かれていたペニウンクル三六戸を一箇所に集めて、一戸あたり一万五〇〇〇坪の土地をかりに引き渡した。

この時ペニウンクルへの土地の引渡しのために上川に出張した北海道庁の職員に対して、川村モノクテ（一八三五―一九一〇年）と川上コヌサアイヌ（一八六二?―一九四二年）が土地の割譲を求めに出向いた。その時、三つの集落に分かれて住んでいるが、それを一つの集落にまとめた方がいいかどうかを職員に問われて、三つの集落の長老が相談して、「各部落皆少しく風習を異にし居れり、従前の如く為し置かれたし」と答えた。しかし、このささやかな願いは認められず、結局近文一ヶ所にまとめられることになった。

つまり、このアイヌ「保護」政策は、長く暮らしてきた伝統的な生活圏（先祖伝来の地）を破壊したうえで、そこからペニウンクルを追い出し、多様な文化（「風習」）をも破壊したのである。これが、「近文コタン」創出にともなう最大の問題である。ただし、この時はまだ、そこに定住して「開墾」する家族は少なかった。

もうひとつの問題は、ペニウンクルに「仮に引き渡された」土地が、法的には「官有地第三種」として分類され、ペニウンクルの所有地となっていなかったことである。そして、一五〇万坪と設定された「旧土人保護地」のうち四五万坪だけが「仮引渡し」され、残りの土地は、その所有者などがあいまいなままにされた。これが後に、第七師団という軍事基地が建設される際に、そこに隣接する「近文旧土人保護地」を日本人が略奪しようとする策略の原因となっていく。

「北海道旧土人保護法」と「近文コタン」

北海道の「原野」を日本人が取得するようになってから帝国議会で議論され始めた「アイヌ保護」のための立法は、一八九九年に「北海道旧土人保護法」として成立した。「近文コタン」は、すでに「旧土人保護地」としてアイヌが住んでいたにもかかわらず、北海道旧土人保護法にもとづいたアイヌの所有地とはならなかった。先に述べたように「官有地第三種」に編入されたが、これは「北海道国有未開地処分法」を適用して第三者に「無償貸付」（排他的占有権の設定）ができるものだった。本来であれば「北海道旧土人保護法」の成立にともなって、「旧土人保護地」のうちアイヌへの「仮引渡し」が終わっている土地はそれぞれの私有地として「下付」され、そうでない土地は「共有財産」として扱われるはずであった。

北海道庁がいい加減な取り扱いをしている保護地は、近文コタンに限らない。北海道帝国大学で植民学を教えていた高倉新一郎（一九〇二―九〇年）が紹介している新聞記事では、「釧路庶路の土人地は官署の書類の紛失によって茶路に移されたこと、宗谷の土人地は娼楼建設敷地となったこと、上川土人給与予定地の一部は札幌露語学校の基本財産として処分されたこと」などと書かれている。[*13]

このような植民地行政の結果、近文「旧土人保護地」はペニウンクルの所有地とならず、「給与予定地」のまま置かれることになった。北海道庁という行政機関が「アイヌ保護」を目的に制定された法律に従わなかったのである。その背景には、「政務権と兵権を併せ持つ独裁的な『開拓長官』のポジションは国内行政制度からは異質なもので」[*14]あったという植民地行政の特徴が影響している。

東京という植民地帝国の中央でつくられる法律よりも、開拓使長官を筆頭とした植民地政府による行政の方が優先され、そこに「開拓」や「軍事化」による経済益をもとめる中央の資本家などがつけこみ、無法な土地収奪が行われていった。

この植民地行政に第七師団の創設という軍事化が加わる。そしてペニウンクルは、この軍事化に巻き込まれ、再び強制移転されそうになり、必死の抵抗を行うのである。

＊13　高倉新一郎『新版アイヌ政策史』（三一書房、一九七二年）五〇〇頁の注九にある明治三一年（一八九八年）九月の函館日々新聞に載った「旧土人保護問題」。ただ原典にはあたっていない。

＊14　上村・前掲（注3）一一八頁。

4　第七師団の設置と土地強奪計画

陸軍の師団（正規軍）がなかった北海道に第七師団を設置することが正式に決まったのは、一八九六年のことである。その前提として、それまで道南の函館と福山（松前）、江刺（江差）だけに適用されていた徴兵令を、一八九六年に渡島・後志・胆振・石狩の四ヶ国に拡大し、一九〇一年には全道に適用した。その結果、アイヌも日本の軍隊に組み入れられることになる。新たに設置が決まった第七師団は、北海道庁長官・屯田兵司令官の永山武四郎がそのまま師団長となり、屯田兵が兵力の中心となった。

一八九九年には正規師団になることが決まり、それまで札幌にあった師団を上川郡鷹栖村字近文に移転することになり、総面積五四一万二八四八坪（約一七・九平方キロメートル）という巨大な軍事基地の建設が決まった。ペニウンクルが強制移住させられた地に隣接して、この軍事基地が造られた。基地の造成を一手に引き受けたのは、東京の大倉組（現在の大成建設の前身）である。

軍事基地建設と旭川・札幌をむすぶ上川鉄道の開通（一八九八年）によって、近文の地価が高くなった。そのために、近文コタンの土地を奪おうとする策動が一八九九年から一九〇〇年にかけて起こった。*15

その概要を、『新旭川市史』第三巻通史三を参考にして説明してみよう。

大倉喜八郎など日本人資本家は、「旧予定地」のままにされていた近文コタンの土地を取得するために、ペニウンクルを天塩国名寄原野に「合法的」に移転させようとし、人をつかって、近文以

*15　このくわしい経緯については、金倉義慧『旭川・アイヌ民族の近現代史』（高文研、二〇〇六年）の第一章「近文アイヌ給与地をめぐって」を参照。また関係する資料は、小川正人・山田伸一編集『アイヌ民族近代の記録』（草風館、一九九八年）一七一―六一頁にまとまっている。

外にも土地を与えるからとペニウンクルを騙し「替地願」への捺印を求め、多くのペニウンクルがそれに「応じた」。それを受けて、北海道庁は「官有地」のままだった近文コタンの土地を「北海道国有未開地処分法」によって大倉喜八郎に貸し付けようとした。

鷹鷲村に住む日本人入植者から、給与地が剥奪されるという事実を聞いたペニウンクルは、こうした日本人とともに、この動きを止めるために動き出す。アイヌ給与地に小作権を持っていた日本人にとっても、土地を奪われることは死活問題だったのである。

日本人入植者は一九〇〇年二月に「旧土人」を給与地に留めてほしいという「請願書」を北海道庁に提出するが、却下される。そして、ペニウンクル三三名が原告となって、嘘をついて捺印させた日本人を訴える裁判を起こすことになった。当時の新聞もこの問題を大きく取り上げるようになっていく。

裁判は不成立となったが、アイヌ地の強奪に反対する運動は広がり、一九〇〇年四月近文旧土人訴願委員長総代として、川上コヌサアイヌと天川恵三郎（浜益村に住んでいたが、親族に呼ばれ支援に来ていたアイヌ）が日本人とともに、東京で内務大臣や代議士などに要請行動を行い、北海道庁の払い下げ許可と移転命令を取り消すことに成功したのである。

なぜこのような土地奪取が行われようとしたのか。『新旭川市史』は、北海道庁と大倉組の間で、「給与予定地」に住むアイヌを一括移転させ、その土地を大倉に与えるという構図があったのではないかと示唆している。

また、この頃、「一　蒙昧無知にして不潔なる旧土人を、市外の中央に介在居住せしむるは衛生上きわめて危険なり、一　師団及び旭川市街間は必然連接して大市街となるべく、旧土人地の存在はこれが発展を妨ぐ、一　市街の発展は永久畑地の存在を許さず、一　在来の権利を保留し、和人と雑居生活を為さしむるも、彼らは生存競争上次第に和人の為亡滅駆逐さらるべし、一　在来の死守に依り、彼らをして時代に適合したる新移住地を選定し、これに転居せしむるは畢竟彼らの幸福なり」（『旭川市史稿（上巻）』一九二―一九三頁）ということを理由に、ペニウンクルの移転を求める声が広がったという。

この説を誰が流したのかははっきりしないようだ。しかし後に、ペニウンクルの代表が北海道庁で移転の理由を訊ねたところ、担当者は「師団設置地間近にアイヌ居住地があるのは、衛生上伝染病の媒介をなす可能性が高い」と述べたという新聞記事がある（『新旭川市史』七二八頁）ことを考えると、北海道庁と第七師団に共通した意識だったと考えてもいいだろう。

陸軍と北海道庁、大資本の三者が、ペニウンクルの土地を「合法的に奪おう」と考えたのは、北海道が植民地だったからである。それを支えたのが、「無知蒙昧」で「不潔」な「旧土人」を排除して見えない存在にしたいという、日本人植民者の意識だった。

強制移転は中止になったが、第七師団のある近文からペニウンクルを移転させるべきだという声は、その後も根強く残っていく。

旭川町は一九〇六年一月に「旧土人給与予定地処分案」を出し、旭川町が「旧土人保護地」四六万〇二九九坪を、北海道庁から三〇年借りることとし、それを無償でペニウンクルに貸し付ける土地と「模範農耕地」という名目の「共有財産」に分けた。そして当時五〇戸の「近文在住旧土人」一戸につき一町歩無償で貸し付け、家を新築することになった。「模範農耕地」は日本人小作農に貸し付け、その小作料を「旧土人保護費」（アイヌ民族の保護のための費用）として町が管理することにした。

しかし、この家の「新築」と新たな土地の貸し付けは、ペニウンクルの暮らしを再び破壊するものだった。それまでは近文地区に点在していたペニウンクルを近文地区の一角に強制移住させ、和人が建てたマサ小屋（「新築の家」）に住まわせたのである。

コタンコロクル（村おさ）の娘として生まれた砂沢クラ（一八九七―一九九一年）は、こう記憶している。

あのエカシ（祖父の川村モノクテのこと―引用者）の立派な家も、家の東側にあった六十頭ものクマの頭を飾った立派なイナウサン（祭壇）も、米ヌカやこぼしたアワツブなどを捨てたムルクタウシ（糠を捨てる所―引用者）も、和人たちは、私たちが家を出るとすぐに壊して古川に捨ててしまったそうです。……このマサ小屋に移り住んでから悪いことがつぎつぎと起きました。部落の、そして私たち家族の不幸が始まりました。……

「アイヌのササ小屋よりいい」と言って和人が建てたマサ小屋といったら、狭くて、寒くて、汚くて、使い勝手が悪く、どうにもならないものでした。……こんな家なので、冬になると部落の人たちは、つぎつぎと風邪をひいたり、体をこわしてしんでゆきました。*16

北海道旧土人保護法が成立しアイヌ民族に対して土地を無償で「下付」することができるにもかかわらず、そうしないで、旭川町が管理し続けることにしたのは、軍都としての発展をめざす旭川町が、市街地と第七師団の間にある近文地区を何としてでも取得したかったのだろう。東京の帝国議会が決めた「アイヌ保護」は、その障害でしかなかった。

この土地は一九二二年に「国有未開地」に組み替えになり、旭川市は一〇年間無償で貸し付けを

＊16　砂沢クラ『ク スクップ オルシペ――私の一代の話』（福武書店、一九九〇年）六七―七四頁。荒井源次郎の娘である荒井和子も、父からの話をもとに、この強制移住と「新築の家」によって、流行性感冒が近文地区に広がり多くの死者が出たと書いている（『焦らず挫けず迷わずに――エポカシエカッチの苦難の青春』（北海道新聞社、一九九三年、一一六―一一九頁）。

受ける。その期限が切れる直前の一九三一年から一九三二年にかけて、再び、ペニウンクルはすべてを無償で下付することを求めて運動する。

この解決策として、一九三四年に「旭川市旧土人保護地法」が制定され、この土地は「特別の縁故ある旧土人」の単独有財産または共有財産として無償で下付されることになった。しかし実態としては、ペニウンクル五〇戸は一戸につき一町歩を下付されるだけで、残りの土地は北海道庁や旭川市、アイヌ代表による旭川市旧土人共有財産管理委員会が管理する「共有財産」としてこれまでどおり日本人小作農が使用するという、日本人小作農を優遇する決着だった。

5　ペニウンクルの権利と主張

ここで注目したいのは、自分たちの生活を破壊する暴力に対して、非暴力と論理で抵抗しようとしている点である。

給与地強奪に先立つ一八九五年、ペニウンクルは、石狩川下流の雨竜や神威潭に住む日本人が不動漁具を設置し、鮭や鱒を乱獲したため、魚が絶滅し、自分たちの食料が奪われているので、日本人の乱獲を禁止してほしい、という陳情書を、札幌などの郡長に提出し[*17]、自分たちの伝統と慣習を維持し先住民共同体を守ろうとする権利を訴えている。このような政治的判断が、ペニウンクルにはあった。

一九三二年に土地を奪われそうになった時に、ペニウンクルが提出した「近文旧土人給与地付与願に関する再陳述」では、「大倉喜八郎横取せんとす」という項目を立て、こう述べている。「明治

＊17　前掲（＊８）『旭川市史稿（上巻）』一九一―一九二頁。

三二年第七師団が旭川に設置せらるるに際し、将来有望なるを看取したる師団建築請負者大倉喜八郎は、建築落成を機とし、時の陸軍大臣桂太郎氏と携へ来旭したる際該地に唾涎し、当時旧土人の世話役を鷹巣村より託され居り三浦市太郎なる悪漢を手先とし、アイヌを騙し、現地の場所の外に天塩のテーネメンに望む土地と外金員も与うべし」と説いた。[*18]

この「再陳述」は冒頭に「為政の対照（ママ）としての吾吾蝦夷民族」という章を立て、松前藩による圧制とシャクシャイン戦争とクナイシリ・メナシ戦争というアイヌの抵抗の歴史について述べ、明治になってからも「園田長官前后からの横暴なるは和人に拍車を掛け、あらゆる不正が行はれたる歴史を見るは甚だ遺憾」だと述べている。[*19]

ここには、植民地支配に抵抗してきた歴史の中に自分たちの「給与地返還運動」を位置づけようという意思が見える。土地を奪ってきた歴史そのものが問題とされているのだ。土地を奪ってきた日本人総体の象徴として、違法な特権を使おうとした「大倉喜八郎」が名指しされているにすぎない。

*18　小川・山田編集・前掲（*15）四九―五〇頁。

*19　小川・山田編集・前掲（*15）四六頁。

ペニウンクルの政治性

こうした歴史に対する鋭い意識があったから、土地の強奪に抵抗するために裁判や「宗主国の首都」での請願行動という政治行動が出てきたのではないか。日本人入植者による支援もあったには違いないが、それよりも、ペニウンクルがもち続けてきた政治性が再び前面に出てきたことに注目したい。

この政治性は、植民地に来て初めて自分の土地を得た日本人入植者の「土地を失いたくない」という思いに突き動かされた政治性と重なるところもあるが、その根底においてはっきり異なっている。表立って主張していたわけではないが、ペニウンクルには、一定の区画に区切られた土地ではなく、シカやサケ、山菜など自然の恵みを含めた生活圏を返してほしいという「先祖伝来の地（Ancestral Domain）」という考えがあったのではないか。

私はこの「先祖伝来の地」という考え方を一九九〇年代のフィリピンで学んだ。ダム建設や火力発電所建設によって、自分たちの生きていた地を奪われようとするフィリピンの先住民族は「土地はいのち」というスローガンを掲げ、先祖の伝来の地を受け継ぐ権利を主張した。それより百年近い前に、ペニウンクルは「先祖の地を返せ」という政治的権利を掲げていたのである。

6　軍事化に巻き込まれていくペニウンクル

軍事基地の建設によって、旭川の人口は倍増し、一九〇三年には四七〇七戸となった。また一九〇二年には、近文地区（第七師団用地、「アイヌ給与予定地」、鷹栖村共有地）を編入し、旭川町となった。第七師団に属する歩兵六〇〇〇人、特科（砲兵など）二五〇〇人など約一万一五〇〇人の軍人（とその家族）が暮らす軍都の誕生でもあった。

日露戦争中の一九〇五年には第七師団錬兵場で臨時の招魂祭が行われ、翌一九〇六年には全道規模の招魂祭が町を挙げて行われた。その後、「師団が直接招魂祭を行っているところはない」という第七師団の要請で、一九〇七年から旭川町主催で招魂祭を行うことになった。一九一一年に第七師団長と北海道庁長官が共同で呼びかけた招魂社が完成し、六月五・六日に招魂祭が行われ、軍隊は、さらに大きな位置を占めるようになった。

このように軍事化が進む中で、ペニウンクルなどアイヌもそれに巻き込まれていく。第七師団の隣で四三戸のペニウンクルが集団生活をさせられるようになったことは、多くの日本人兵士と交わりながら生きることでもある。また「日本国民」であるアイヌ民族の男性は兵隊にとられるようになっていった。

この頃のペニウンクルの暮らしについて、ある新聞はこう書いている。女性は山で採った雁皮の皮やワラビを売り、男性は茶盆や手拭い掛けなどを作って売っていた。それで得た小銭で「第七師団の兵士の残飯を買ひ」、売れ残りの魚介などを集めていた。[*20]

日露戦争の頃、子どもだった砂沢クラは、こう書く。

戦争から帰ってきたアイヌの人たちは、みな近文部落のコタンコロクル（村おさ）だった祖父を頼ってきました。郷里に帰るための旅費が師団からなかなか出なかったり、捕虜になって帰ってきた人には旅費も出なかったのです。…中略…（捕虜になった）カッコレアイヌの話では、日本の兵隊は、満州でずいぶん恐ろしいことをしたようです。ある日、食べ物がなくなり、工兵のひとりが食糧を探しに出て行きました。しばらくして、服の中になにか丸いものを入れて背負ってきて、『カボチャを持ってきた。火をたけ』と言ったそうです。ゴミなど燃えるものを集めてくると、笑いながら服を開けたのですが、入っていたのはロシア人の頭でした。[*21]

「日本の兵隊」が恐ろしいことをしたという記述から、彼女が自分を日本人の側において考えていないことがうかがえる。そして、アイヌはそんな恐ろしいことはしないという意識も、彼女の中にあるはずだ。

＊20　前掲（＊10）『新旭川市史』八四八頁に引用されている「北海タイムス」一九〇五年六月二三日の記事。

＊21　砂沢・前掲（＊16）六五―六六頁。

売買春の広がり

第七師団の設置にあわせて、旭川には中島遊郭がつくられ、一九〇八年には二二軒の妓楼がオープンしていた。新遊郭に対しては、その場所をめぐって町をあげて反対したが、それを押し切ったのは第七師団と北海道庁の強い要請だった。軍事基地の建設とともに、旭川という町に買売春経済が拡大していく。

その頃のことを砂沢クラは、こう書いている。

（母の家には）日曜になると、決まって第七師団の兵隊二人が部屋を借りにアイヌの女と遊んで帰るのです。相手は決まっていて夫はいるが口は染めて（入れ墨する）いない女たちでした。夫たちは、一町分位の荒れ地を耕しても食べていけないので、出稼ぎに出ていたのです。（原文改行）村の人は母を悪く言いますし、私も一人の兵隊から『愛してる』と書いた紙を渡されたりして、とてもいたたまれない気持でした。

また、母が第七師団の炊事場で働くようになり、兵隊との間にできた子ども（クラの妹）を産んだことも書いている。[*22]

砂沢クラの記述では、兵士と女性の間で金銭のやり取りがあったかどうかわからないが、軍事化にともなう売買春という制度にアイヌ女性も巻き込まれていったことが想像される。

アイヌ女性と「遊んでいた」兵士がまだ一五歳だった砂沢クラにも手紙を渡したということは、場所請負制によってアイヌを奴隷としてあつかい、アイヌ女性を夫から奪ってレイプし「妻」にしてきた日本人男性（支配人や番人）の意識と兵士たちの意識から大きく変わっていないことを示している。それは、アイヌ女性は「旧土人」（「遅れた異民族」）なので、日本人男性によって所有され

＊22　砂沢・前掲（＊16）一〇五頁、一二九頁。

ることが「救済」になる、あるいは「簡単にだますことができる」、「捨ててもかまわない」などが、一体となった意識である。

「アイヌ観光」の始まり

軍事基地とともに、「アイヌ視察」「アイヌ観光」もやってきた。「近文アイヌ部落」という名が有名になったため、全国から軍人や教員、学生が近文を訪れるようになった。とくに、一九一〇年にアイヌの子弟を対象につくられた上川第五尋常小学校（「アイヌ学校」）には、多くの視察者が入り込んできた。このような視察は多くのアイヌ学校に共通していたが、最高で年間三六二〇人（一九一八年の開道記念博覧会の年）を数えた近文コタンは、その数において抜きん出ていた。[*23]

このような「見学」者に対して、アイヌがそこから収入を得ようと考えるのは、当然のことだろう。日本国内に住む「未開人」「異民族」としてのアイヌを「見学」する日本人に対して、異民族としてのエキゾチズムを強調した手工芸品を作成・販売したり、ウポポ（輪踊り）をしたりしてみせた。若い女性であれば、口の周りにスミを塗って口を染めているようにみせたりして、日本人のイメージする「アイヌ女性」を演じることもあったようだ。[*24]

これを「見世物」におわらせず、アイヌ民具などを中心にアイヌ文化を見せ、貨幣経済に巻き込まれたアイヌの経済活動に変えていこうという大きな試みとして、一九一六年に「アイヌ文化博物館」（現在の川村アイヌ記念館）ができる。

もうひとつ軍事基地とともにやってきたのは、憲兵隊や特高警察など暴力をともなう監視体制である。「天皇の軍隊」である第七師団には、武官である皇族などもやってきた。おそらく、その度

＊23　小川正人『近代アイヌ教育制度史研究』（北海道大学図書刊行会、一九九七年）二二五―二三二頁を参照。

＊24　砂沢・前掲（＊16）一一一頁。

に厳しい警備が行われただろう。その中で、土地返還を求めて運動していたペニウンクルは、アイヌに農業を指導するための「模範農場」に配置された特高警察あがりの日本人に監視され、「アカ」と呼ばれながらも運動を続けていた。[*25]

7　おわりに

「先祖伝来の地」を奪われたペニウンクルにとっては武器を取っての戦いとなってもおかしくないほど命に関わる問題だったが、ペニウンクルは外国語である日本語を使って嘆願書を書き、それが無視されると裁判に訴えた。

同じ二〇世紀初頭、フィリピンのミンダナオ島では植民地支配を始めたアメリカが公有地法を制定しバゴボ族など先住民族が占有していた土地を「国有地」とし、申請した者に払い下げを行い始めていた。これに反発するイスラム教徒など地元住民は、暴力を使って抵抗している。[*26] 土地の強奪と返還をめぐる争いは、それほど大きな問題である。

近代日本国家による土地の強奪（植民地化）が根本にある大問題だが、それを複雑にしたのは第七師団という大軍事基地の建設である。軍事基地と兵士をつねに身近に感じながら、ペニウンクルは暮らすことになった。

この土地は今、陸上自衛隊が使い、すでに一〇〇年以上にわたって軍事基地がペニウンクルの地に居座っている。

二〇〇七年九月、このような植民地主義の歴史を見直し、非軍事化を進めるための国際的な原則

＊25　荒井源次郎『続　アイヌの叫び』（北海道出版企画センター、一九九一年）一八四頁。

＊26　鶴見良行『バナナ』鶴見良行著作集6（みすず書房、一九九八年）一八一―一二六頁を参照。

が国際連合で採択された。「先住民族の権利に関する国際連合宣言」である。

この宣言の前文では、「先住民族は、とりわけ、自らの植民地化とその土地、領域および資源の収奪の結果、歴史的な不正着によって苦しみ、したがって特に、自身のニーズ（必要性）と利益に従った発展に対する自らの権利を彼／女らが行使することを妨げられてきた」と、植民地支配と侵略の責任をはっきり述べている。そのうえで、第三条では「先住民族は、自己決定の権利を有する。この権利に基づき、先住民族は、自らの政治的基盤を自由に決定し、ならびにその経済的、社会的及び文化的発展を自由に追求する」と、先住民族が国際法上の主体であることを述べる。

この原則の上に立ち、第三〇条は「一　関連する公共の利益によって正当化されるか、もしくは当該の先住民族による自由な合意または要請のある場合を除いて、先住民族の土地または領域で軍事活動は行われない。二　国家は、彼／女らの土地や領域を軍事活動で使用する前に、適切な手続き、特にその代表機関を通じて、当該民族と効果的な協議を行なう」と、先住民族の土地と領域（これは土地と海域、水域、上空を含む先住民族の生活空間全体）における非軍事化原則を述べている。「公共の利益」や「適切な手続き」という留保は付いているが、前文では「先住民族の土地および領域の非軍事化が、世界の諸国と諸民族の間の平和……に貢献」とはっきり書かれているので、この条文も非軍事化を進めることを前提にしていると考えられる。

この国連宣言をどう現実のものにしていくのかという課題を、日本の中で正面から議論する時期にきているのではないか、と私は考える。とりわけ「北海道」というアイヌ民族が住んできた島の平和を考える時には、この文章で描いてきた過去の軍事化の歴史をふまえて、未来を構想する必要がある。

その時には、先住アイヌ民族の考えと運動を尊重することが前提となる。同時に、私（たち）のような先住民族ではない者たちも、植民地主義と人種差別主義をなくす、軍事主義に反対する、など「先住民族の権利に関する国際連合宣言」が掲げる原則について議論を深め、それを実現していくための議論を始め、アイヌ民族とすぐにでも話し合う必要があるのではないか。

こうしたプロセスを進めることは、自分たちの生きるアイヌモシリ（北海道）という島の歴史を開発や人権、生物・生命の多様性などの視点からとらえ返し、私たちの未来ビジョンをつくっていくことにつながっていくはずだ。この新しい動きを、地域からの内発的な平和学・平和運動の大事な柱のひとつにしていきたい。

●参考文献

阿波根昌鴻『米軍と農民——沖縄県伊江島』岩波書店、一九七三年
米軍による土地の強奪との長いたたかいの記録。真っ正直な主張と「乞食行進」という高貴なたたかいに心うたれる。
市民外交センター『アイヌ民族の視点からみた『先住民族の権利に関する国際連合宣言』の解説と利用法』市民外交センター、二〇〇八年
二〇〇七年に国連総会で採択された先住民族権利宣言を、日本国内でどう実現していくのか。それを具体的に考えるための基礎となるブックレット。
野村義一『アイヌ民族を生きる』草風館、一九九六年
アイヌ民族の運動を引っ張っていた野村義一さんの本。自らの生いたちやアイヌ民族の権利について語る。野村さんと一緒にアイヌ民族の復権をたたかった貝沢正さんとの対談は、何よりも面白いし、学ぶことも多い。
花崎皋平『静かな大地——松浦武四郎とアイヌ民族』岩波書店、二〇〇八年

「静かな大地」とは何か、その大地を回復するために何が必要か。松浦武四郎の生き方を通じて、多数者のあり方を考えるための一冊。

林博史『米軍基地の歴史――世界ネットワークの形成と展開』吉川弘文館、二〇一二年
世界中に米軍基地があるのはなぜか。米国の軍事戦略という視点から米軍基地が世界に広がった歴史をたどり、その問題を明らかにする。

●コラム1● 基地の街・千歳から

谷上 隆

札幌から、わずか三〇キロにある千歳市、北海道の交通の要であり、新千歳国際空港を有しながらも、三方を軍事基地が街を囲むように存在する。第1特科団を中心とした北千歳駐屯地、第7師団を主軸とする東千歳駐屯地、新千歳空港隣には、二本の滑走路を構えた千歳飛行場があり、F-15戦闘機を有する第2航空団。その周囲には、安平弾薬支処、早来燃料支処、長沼ミサイル基地。隣街の恵庭市には、戦車部隊を中心にした北恵庭駐屯地、施設部隊の南恵庭駐屯地、北海道補給処（通称、島松駐屯地）があり、それぞれに演習場を構え、北海道大演習場として中心都市の札幌まで続く。戦後から三〇年間にわたって、一九七五年まで米軍が駐留していた。

だが、米軍が引き揚げた今も、北海道で只一つのFAC1054キャンプ千歳と呼ばれる米軍基地（通信施設）がある。日米地位協定二条一項(a)の適用施設で、四二六万三千㎡の敷地内に、「象のオリ」を有する東千歳通信所がある。地位協定の二条四項(b)の日米提供施設として、東千歳駐屯地では、土地八万五五四㎡、建物二四棟二万五二一九六㎡、が米軍に提供され、千歳飛行場の、二五八万四二三〇㎡（一部苫小牧市を含む）建物三二棟、一万四三〇五㎡（航空自衛隊千歳基地、奥尻分屯地、当別分屯地、襟裳分屯地を含む）、北海道演習場（東千歳地区、千歳地区、恵庭地区、島松地区、西岡地区）の一部と、東千歳柏台演習場、東千歳小火器射射撃場、北千歳駐屯地、土地九二二八万八三四〇㎡（千歳市分面積二〇九六万九二九七㎡）建物六棟一六七三㎡がそれぞれ、米軍が使用可能な状況に置かれている。

この国で、唯一の機甲化師団の第7師団とF-15戦闘機の第2航空団、ミサイルも、戦闘機も、戦車もすべて集中した、空陸の自衛隊基地。ここで米軍の訓練移転が毎年行われることとなった。嘉手納から、岩国から、三沢、第2航空団の戦闘機も参加する。米軍が使用する期間の年四回は、制限が取り外された。年六〇日米軍の使用が可能とされた。

二〇〇八年二月二五日から岩国からの、FA-18戦闘機と第2航空団のF-15戦闘機戦闘訓練が開始され、すでに二〇一〇年まで四回、この街の上空に爆音を響かせている。この移転訓練に、百里基地からF-4EJ戦闘機が飛来しているのが、監視行動で確認された。二〇〇八年と、二〇一〇年に当方のカメラに映し出されている。二〇一〇年、千歳市の空港・基地対策課を通じて確認したところ、百里から来ていることを、第2航空団側が認めたうえで、何のために来ているかについては、言えないとマル秘扱いとした。

矢臼別演習場やここ千歳周辺に、米軍が指揮所訓練や、実動演習に来るだけでなく、陸上自衛隊や、航空自衛隊までもが米本土や、グアムまで行って軍事演習をしていることは知られていない。二〇一一年一月一九日―三月七日まで、第2航空団のF-15戦闘機六機、百人はグアムに、飛び立ったのだ。

第3章　「北海道開拓」と朝鮮人の強制連行・労働

林　炳　澤

1　はじめに

北海道には、日本の「内国植民地」という位置づけがある。日本は近代化とともに蝦夷地を北海道として領土に組み込み、先住民族アイヌを支配下に置き同化を強制し、和人の殖民政策を進め、その豊富な天然資源は日本資本主義発展に活用されたからである。そうしたありようはむしろ「植民地」ともいえるのではないか。そして同時にこの過程は、北海道が近代国家としての日本の北辺の国境に位置づけられ、「北の守り」の役割を担わせられたということであった。

北海道から平和を考えるとき、こうした歴史性と具体的なあらわれである「北海道開拓」、とりわけその苛酷労働の事実を押さえなければなるまい。そしてその経緯の中に朝鮮人の強制連行・労働があった。

2　日本開国と北海道

対ロシア防備としての蝦夷地（アイヌモシリ）

日本の開国から幕末の対外的緊張の始まりといえば、一般に一八五三年米国のペリーの黒船来航を思い浮かべるが、実はそれをさかのぼる半世紀前、ロシアの来航によって始まるのである。

一七九二年ロシア使節ラクスマンは日本人漂流民の送還を名目に根室に来航し、徳川幕府に正式に修好・通商を求めてきた。幕府は〝通商の要望は長崎でせよ〟と通商許可含みの廻航を指示し、ロシア側は長崎への入港許可証を得て帰国した。日本とロシアの接触は、すでに一七世紀末から始まっている。この頃ロシアは欧州への重要輸出品となった毛皮を求めて、シベリアから極東を経てカムチャッカ、千島に進出し、一八世紀に入るとロシア船が日本近海にも出没し、後期には蝦夷地を訪れて松前藩に交易を求めるようになった。こうした情報から、幕府に〝ロシア南下に対処するための蝦夷地の開発と防備〟を説いた建議書も出され[*1]、幕府はこれを受け入れ一七八五年初めての蝦夷地調査が実施され、これ以降、蝦夷の調査・探検が本格化していく。またそのようなロシア（すでに欧州一の大国と認識されていた）への警戒感は、異国からの外的脅威を説く海防論にも発展[*2]していった。このように「ロシアからの脅威」として緊張していった日本は、これまで北辺の異域とされていた蝦夷を北の国境と意識し始め、国防――攘夷意識が芽生えていき、それはラクスマンの来航で急速化していった。

つづいて一八〇四年、日本との通交を期待した二度目のロシア使節レザノフが長崎に前回の入港

＊1　工藤平助「赤蝦夷風説考」（一七三九年）。

＊2　日本沿岸の防備充実を主張する議論。林子平「海国兵談」（一七九一年）など。

許可証を持って来航した。しかしロシア側の思惑に反して、幕府は〝国法により新規の通交は禁止されている〟と拒絶したのである。日本側の強硬対処に憤激したレザノフは通商を促すための武力行使を配下に示唆し、樺太、択捉、利尻島が襲撃され、幕府において大問題となった。この少し前の一七八九年、和人の苛酷な圧制に対するアイヌ民族の蜂起であるクナシリ・メナシの戦いが起こり、ラクスマン来航、英国船の蝦夷地近海の測量事件と続くことによって、幕府は蝦夷地に対する政策を大きく転換する。

つまり幕府は蝦夷地への松前藩の支配経営・防備を危ぶみ、一七九九年松前藩から蝦夷地一部を取り上げ直轄し、東北の藩に警備を命じた。また同時にアイヌ民族に対し、ロシアに懐柔されぬよう日本語の使用、風俗の和風化、日本名への改名など和人への同化政策が始まった。そして前のロシア人の襲撃事件によって、一八〇七年幕府は全蝦夷地を直轄し、東北の諸藩を動員して警備強化を計った。ロシアへの防衛として蝦夷地を内国化し、アイヌ民族に対して和人化することで日本の蝦夷地領土権の根拠（先占権）とし、対ロシアの先兵ともする政策を推し進めていったのである。このロシアとの衝突で幕府は強硬策を取り、一八一一年千島諸島測量中に水などの補給を求めてきたロシア船艦長ゴロヴニンらを捕縛・投獄するという事件も起こった。この後、事件の解決やロシアの南進活動の低下[*3]によるロシアとの緊張緩和、また幕府の蝦夷地経営における財政難などにより、一八二一年蝦夷地の支配は松前藩に戻された。

こうした日本とロシアの関係は新しい時代に入っていった。一八五三年、ペリー来航の後を追いロシア使節プチャーチンが来航し、日本に通交と日・露国境確定を求めてきて交渉を重ね、翌五四年日露和親条約が結ばれたのである。この条約により日本とロシアは、千島列島では択捉島（以南

＊3　一八一二年、ナポレオン一世がロシアに侵攻して戦争となる。

が日本領＝南千島）とウルップ島（以北がロシア領＝北千島）との間を国境とし、樺太では境界を定めず両国人の雑居地とされていった。一八三〇年代からの蝦夷地沿岸へのさまざまな異国船の出現、そして開国の条約締結後、函館が開港し蝦夷地は日本の国土化されていくことになり、樺太へのロシア進出は強まっていった。そのような情勢や新しい日露関係にも対応し、一八五五年幕府は蝦夷地を再び直轄し、その警備にまた東北諸藩を動員し、さらにそれらの諸藩に蝦夷地を分け与え警備と開拓に努めさせた。こうして、蝦夷地はロシアとの緊張関係を推移しながら近代を迎えることになる。

「北の守り」北海道—急速な開拓へ

明治政府が樹立し、蝦夷地は一八六九年「北海道」と改称され、日本の近代化へ組込まれていく、つまり近代国家日本の「北の守り」として位置づけられ、それは取りも直さずロシアへの防備だった。

ロシアとの関係では、和親条約の〝樺太への両国共有と両国人の混住〟により、樺太での日・露両国の紛争が絶えず、しかもロシア側が軍事的に優位状況にあり、その強硬姿勢とともに一般日本人にも「恐露病」的症状が生まれていったのである。このため日本はロシアと一八七五年樺太・千島交換条約を結び、ロシアが樺太を領有し、その交換に日本は北千島を領土とし、国境の確定が一応は決着した。

しかしこの頃から、日本のアジア侵出の契機となった朝鮮侵略はやがてロシアの満州・中国への侵出とも衝突して、一九〇四年日露戦争が起こり、日本はロシアに辛勝して樺太の南半分（北緯五〇度以南）を獲得した。その後、こうした領土問題として残った火種と重なって、一九一七年ロシア革命による社会主義国家ソ連の誕生、そして社会主義運動の興隆による「赤化の脅威」などで、日本のロシア―ソ連への根深い警戒は続いていくことになる。

さて北海道の防備にとって、最も肝要とされたのは「開拓殖民」であった。それはすでに幕末の頃から認識されており、明治政府にとっても北海道経営の最優先方針であった。そのために北海道では本州から多数の士族・農民の移民募集、お雇い外国人による欧米の農業・資源開発・鉄道技術の導入、防衛・治安・開墾を兼ねた屯田兵制度の設立などの施策が行われた。

3　「北海道開拓」と苛酷労働の展開

囚人労働

そしてそのために、緊急課題とされたのは「道路の開削造成」である。しかし土木機械もない当時、必要とされたのは苛酷な人力労働であり、そこに投入されたのが〝底辺社会の人々の労働力〟であった。

それが政府の政策として実施されたのが、「囚人労働」である。蝦夷地には一八世紀頃から場所請負制[*4]による「アイヌ民族への虐待労働」が行われた経緯があるが、明治に入って廃止され、そうしたものに代わりうる労働力を囚人に求めていったのである。明治初期から急増した士族反乱、後には自由民権運動の激化事件などの国事犯や長期囚を収容する集治監（監獄）が設置され、とくに北海道は中央からの遠隔地であること、また開拓労働への利用を狙って集中することになった。[*5]

＊4　松前藩の蝦夷地経営の方式。松前藩は商人に上納金と引換えに商場所を与え、商人はそこで漁業、林業にアイヌ民族を苛酷に使役した。

＊5　集治監は、一八八一年から樺戸、空知、釧路、網走、十勝に設置された。道路開設のほかに、空知は採炭、釧路は硫黄採掘、十勝は農業に使役。

道路開削はこの囚人労働によって急速に進み、一八八五年金子堅太郎内閣大書記官[*6]による北海道三県巡視復命書で[*7]、北海道の防衛・開拓の根幹をなす大横断道路である中央道路（札幌～旭川～網走～釧路）が構想・主張され、翌八六年から造られていった。そしてそれは、一八八八年永山武四郎屯田兵本部長[*8]のロシア視察後の具申書でロシアの東進への強い警戒と北海道開拓防備の緊急性が訴えられ、中央道路の最終段階の北見道路（網走～北見峠）開削では、そのために網走集治監を開設し、凄まじい突貫工事を強いたのである。北海道の道路開削はただでさえ広大な原始林や山地を、鉄鎖で繋がれた人力で切り開くという極めて困難なもので、とくにこの時は〝年内完成（この一八九一年にシベリア鉄道敷設が開始）〟を厳命され、通常の四倍の労働量を負わされたとされ、大変な犠牲者を出したのであった。こうしてできた中央道路沿いに、道央以北の屯田兵村は展開し、その兵屋も囚人労働で造られた。

この囚人労働の悲惨さは、前の金子復命書に記された〝囚人使役は、死ねば監獄費の支出が、また工夫賃金が一般工夫の半分以下に減る、一石二鳥の策だ[*9]〟という劣悪な人権意識によって本格化したが、集治監関係者らの熱心な廃止運動によって、一八九四年で北海道における囚人労働は廃止された。

監獄（タコ）部屋労働

この「囚人道路」造成によって北海道の基幹道路は整備されていったが、開拓の基盤づくりは数多く残されており、それを担ったのが「監獄（タコ）部屋労働」であった。行政に代わり開拓事業に進出した民間資本は、営利の追求のために低賃金労働力を必要とし、そうした労働者を保持する

＊6　金子は米国留学から帰国後、伊藤博文のもとで明治憲法を起草し、一八八五年に伊藤首相の秘書となった。

＊7　北海道は一八八二年に開拓使が廃止され、函館、札幌、根室の三県が設置されたが、その行政弊害が批判され、伊藤の指示により金子は北海道を視察しこの報告書を書いた（この後、八六年に三県は廃止され北海道庁が設置された）。

＊8　永山は帰国後、第二代北海道庁長官を兼任し、ロシアの極東開発を意識し屯田兵の増強も計った。

＊9　「新撰北海道史　第六巻　史料二」に掲載。

ために飯場（土工部屋）に暴力的に監禁し強制労働をさせる、囚人労働の非人道的本質が受け継がれたのである。

監獄部屋労働は、一八九〇年夕張～室蘭間の鉄道工事が始まりといわれ、この後本格的に進められた鉄道工事、そして道路建設、河川や港湾などの土木工事で行われた。その実態は労働者を、周旋人が仕事募集の甘言でだまし、前借金[*10]を口実にして束縛し、使役者は厳しい監視の飯場で暴力支配によって拘禁し苛酷労働を強いる、借金の返済労働が終わっても再び前借金を負わせ抜け出せないようにし、逃亡しようとすれば激しいリンチ（普段でも見せしめとしてある）を加えるという奴隷労働であった。

監獄部屋における労働者の酷使・虐待・殺傷が、明治期終わり頃から新聞紙上に現れ、大正期になると数多く報道されて一般的に知られるようになり、この頃から監獄部屋労働に対し不十分ながらも取締法令が出され、社会的批判も起こった。昭和期に入り監獄部屋労働の改善・廃止の声が司法や行政側からもあがったが、アジア・太平洋戦争の進行につれて立ち消えとなり、むしろ朝鮮人・中国人への強制労働とともに労働強化が進められていった。

こうした北海道の悲惨な非人道的労働の歴史の延長上に、アジア・太平洋戦争において「朝鮮人の強制連行・強制労働」が行われることになるのである。

＊10　集めた労働者を遊郭などで遊ばせ、そうした金を借金に転嫁したもの。

4　朝鮮人の強制連行・強制労働

侵略戦争の激化、強制連行へ

明治以降、日本は帝国主義国家として歩み、日清戦争の勝利で台湾を、日露戦争勝利の結果、一九一〇年に朝鮮を植民地とした。そしてそこを足がりに中国に侵出し、一九三七年には日中戦争を始め、中国への全面的な侵略戦争を展開した。この日本の中国侵略は欧米との厳しい対立を生み、日本は経済資源の確保を狙って東南アジアへ侵攻し、ついに一九四一年米・英・オランダと開戦となり、アジア・太平洋戦争に突入していったのである。

第一次大戦以降、戦争は国家の総力を動員して行うことになっていったが、日本も日中戦争の開始からそうした情勢となり国家総力戦を展開していった。人的動員に関して、日本軍兵力については、日本が当初侮っていた中国側の抗戦力は高く日中戦争は泥沼化し、戦争開始後は一九三八年末に一〇〇万を超え、さらに欧米との開戦により太平洋戦争開始後の四一年末に二〇〇万も超え、この後の戦争激化により少年兵の募集、学徒出陣、徴兵年齢の引き下げ、兵役服務年限の延長、ついには植民地支配下の朝鮮・台湾人への徴兵実施など極度の増強を計り、敗戦時には総兵力七〇〇万人を超えていた。

しかし国家総力戦は兵隊だけでは行えず、それを支えるべき軍需産業、軍事施設などが必要であり、そのための労働力の確保も重要だった。一九三八年には「国家総動員法」が制定され、国家が戦争に必要なあらゆる人的・物的資源を統制・動員・運用できるようになったが、おりからの大規模な予備役兵などの召集は技術者・熟練工にも行われたから、軍需産業従事者が不足することになり、同法はまず労働力統制が適用されたほどである。そして同法に基づき一九三九年には「国民徴用令」が出され、国家が重要産業に国民を強制就労させることが可能になった。けれども前述のように兵力の増強が優先されていることから、軍事関連分野への労働力確保は追いつかず、敗戦まぢかには女性・子どもまでが動員されたが、この労働力不足を打開するために行われたのが「朝鮮人への強制連行・強制労働」であった（さらに労働力の逼迫は、一九四三年からの中国人強制連行・強制労働につながった）。

朝鮮人強制連行の推移について

朝鮮人強制連行は一九三九年から始まり日本の敗戦まで続いたが、次のような推移をたどった。

【三九年九月～「集団募集」期】

国家総動員法により労務動員計画が作られ、朝鮮人労務者の移入が決定され、「募集要項」が定められた。雇用主はそれに従い日本当局と朝鮮総督府に詳細（雇用の人数、条件など）な雇用願書を提出する、総督府は許可のうえ募集地方や人数を割当て、その地方官吏と警察は割当人数分を権力的に狩出し、雇用側募集員はその人々を引率し、逃亡しないよう厳しい監視のもと連行した。「募集」とは名ばかりで、実態は強制的な動員であった。

【四二年二月～「官斡旋」期】

これまでの朝鮮人労務者の移入手続きや、送出・輸送の機構を改定した「斡旋要項」が定められた。それは労務者移入の許可申請が簡素化され、新たに職業紹介所、朝鮮労務協会という労務者供出の専門機関が設けられ、そこで朝鮮人を隊組織に編成し訓練し送り出す、というものである。つまりこれまでは雇用主の要請に対し、末端地域の官憲が朝鮮人狩出しを行っていたのに加え、今度は行政機関が責任主体として斡旋（介入）するという、強制連行の強化策であった。

【四四年九月～「徴用」期】

戦局の深まりとともに膨大な労働力が要求されていき、朝鮮人労務者の動員に「国民徴用令」が適用されることになった。これまでと違って国家権力（政府省庁―総督府）が事業場別の割当人数を決定し、「行政処分」（不服従者には懲罰適用）として労務者を狩出し、事業所に配分する、というものであった。国民徴用令は朝鮮にも施行されていたのだが、民族的抵抗の恐れもあって、一般徴用はされていなかったが（一九四一年に軍属・軍労務要員へは適用）、労働力の極度の逼迫により根こそぎ動員の強制連行となったのである。

こうして朝鮮人は戦争経済を支える労働力として、全日本各地（都道府県単位であればすべて）に強制連行され、その総数は最近の調査研究によれば約七〇万人[*11]が挙げられている。それらの人々は、炭坑・鉱山採掘、土木・建築工事、工場・農業・運輸作業など重労働を必要とするあらゆる場で強制労働させられたが、その実態は前の監獄部屋なみの拘禁労働であり、それに加えて激しい民族差別による扱い、さらに戦況悪化による劣悪な労働環境（食料など生活物資の困窮）によって一層過酷な労働を強いられたのである。ここでは具体的実態・証言については他書[*12]に委ねるが、ぜひ直視してもらいたい。

最近、この朝鮮人強制連行に対し社会の右傾化動向が影響して、〝事実を否定したり、表現を控えたり言い換えたり〟する傾向がある。つまり為政者側の用語である「募集」を悪用し、〝自発的

＊11　北海道庁の『北海道と朝鮮人労働者』による。なおこの本は北海道における朝鮮人強制連行の調査研究書として、現在の最高水準の労作である。

＊12　朴慶植『朝鮮人強制連行の記録』（未来社、一九六五年）、金賛汀『証言　朝鮮人強制連行』（新人物往来社、一九七五年）、朝鮮人強制連行真相調査団『強制連行された朝鮮人の証言』（明石書店、一九九〇年）、『百萬人の身世打鈴――朝鮮人強制連行・強制労働の「恨」』（東方出版、一九九九年）など。北海道に限定すれば、朝鮮人強制連行真相調査団『朝鮮人強制連行強制労働の記録――北海道・千島・樺太編』（現代史出版会、一九七四年）、朝鮮人強制連行実態調査報告書編集委員会『北海道と朝鮮人労働者――朝鮮人強制連行実態

な応募〟であるかのように欺瞞するのである。同じく「徴用」という用語で代替する手法があるが、それには「強制動員」という意味はあるものの、民族的に異なる（日本への帰属意識もアイデンティティも違う）朝鮮人に、日本人に使った一般的な徴用ではとても実態を適切に表しているとはいえない。朝鮮人の動員にあたっては民族的差異からくる抵抗と不服従、対する日本側の不信と警戒、それによる動員においての強権性、暴力性、拘禁性、連行性などは「強制連行」と表現するしかないものである。

調査報告書』（北海道庁、一九九九年）など。

北海道と朝鮮人強制連行

北海道における朝鮮人の強制連行・強制労働は、一九三九（昭和一四）年一〇月の炭坑、鉱山への導入から始まり、土建事業場、工場、運輸などと続き、軍事関係（基地造成、軍需産業）では全期間に渡るが、とくに戦争末期に集中している。その総数は、北海道が日本有数の炭坑、鉱山地域ということもあって、福岡県に次いで群を抜いており（都道府県単位で）、約一四万五千人と推定されている。[*13]

＊13　前掲（＊11）『北海道と朝鮮人労働者』より。

5　朝鮮人強制労働と軍事基地

軍用飛行場造成の背景

朝鮮人の強制労働は国家総力戦に関わることから、すべての業種に関係しているが、ここでは純軍事的なものについて取り上げる。ただし軍事という事柄の秘密性もあって限界があるが、その中でも比較的資料が残されている大きな軍事施設、北海道の軍用飛行場基地を紹介してみよう。

北海道の軍用飛行場設置は戦争末期の戦況悪化の対応もあって、完成から計画だけのものも含めて全国でも最多に上る。陸・海軍飛行場はアジア・太平洋戦争の開戦にともなって、それぞれの拠点飛行場が造られていく。日本の戦況は一九四二年ミッドウェー海戦を境に敗退していくが、同時並行して行ったその北方上の米国領・アリューシャン列島の作戦ではアッツ、キスカ両島を占領、翌四三年に米国はそれを奪回する、こうして地理的にアリューシャンの延長上にある千島列島から、北海道は米軍進攻の脅威を受けることになった。このような情勢下、北海道の軍備体制は国内部隊としての北部軍から、作戦権をもつ北方軍さらに第五方面軍と改編され、〝一九四四年に米軍は千島へ来攻〟と判断されて、千島への兵力大量投入、北海道の警備強化、そして航空戦力も満州からの移動も含め陸・海軍六〇〇機と大増強され、それに応じて前線基地の千島、また中継基地の道東に軍用飛行場が増設されていったのである（四四年春完成が千島一〇、樺太五、道内九、着工が樺太四、道内一一ヶ所）。

この後、米軍によるサイパン島陥落など相ついで日本軍占領地が奪取され、米軍の日本本土上陸が想定されるようになり、その決戦準備として北海道も網走、根室、釧路、十勝、苫小牧などの沿岸に防御陣地が構築されていった。そして一九四四年一〇月米軍の沖縄空襲が始まるや、北海道に温存されていた大部分の航空機は南方に転用され、翌四五年、米軍のフィリピン上陸となって本土決戦への対処が進められ、沖縄失陥が決定的となるや、北海道駐屯の大部分の兵力も本州各地に転出していった。こうして北海道は七月に初めての米軍の大規模空襲・艦砲射撃を受けた後、敗戦を迎えた。

戦後も利用されている軍用飛行場基地[*14]

一九四五年八月一五日、日本は無条件降伏し連合国に占領されることになった。九月二日に降伏調印式を終えるや、占領軍（実質的には米軍）は全国に進駐していく。北海道への占領軍の本格的進駐は、米第七七歩兵師団が一〇月四日函館上陸、また五日小樽に上陸し札幌に入り司令部を設置した。それから占領軍は旭川、室蘭、稚内、美幌、帯広と道内各地に速やかに進駐していった。そして各地の占領軍は飛行場などの軍事施設を接収後、破壊あるいは後述のように基地などに再利用していったのである。

北海道占領をめぐる展開においては、ソ連と米国による分割占領というせめぎ合いもあったが、結局米国はそれを排除し、ソ連の占領も千島列島と歯舞諸島に止まったという経緯があったのだった。このソ連占領による領土問題と地理的近接性、加えて米・ソの東・西陣営対立から日本の防衛体制は対ソ戦略中心となり、北海道はまた「北の守り」の先鋒とされたのである。

北海道の占領軍は幾度か交代しながら、真駒内基地や千歳基地に進駐したが、とくに一九四九年の第七歩兵師団、五一年の第四五歩兵師団は、五〇年からの朝鮮戦争ではそこで戦闘訓練を積み出動していった。そして一九五二年日本独立により占領軍から在日米軍と変わるが、五四年の自衛隊発足で北海道から米軍主要部隊は撤退したのであった。

当初、連合国の対日占領方針は「非軍事化・民主化」であったが、戦後の米・ソ対立の深化により、米国は占領政策を転換させ日本を極東の反共拠点とすべく、日本の再軍備化を計っていった。そして一九五〇年朝鮮戦争を契機として警察予備隊が創設、五二年には日本独立にともない大砲・戦車を装備した保安隊に改組されたが、それらの基地に利用されたのが米軍キャンプを含めた旧軍

＊14　戦中のみ使用されたものも多数あるが省く。これら軍用飛行場については、前掲の『北海道と朝鮮人労働者』および道内各地方自治体史にくわしい。

施設であった。さらに一九五四年には実質的な国軍である自衛隊が発足するが、それにも旧軍施設は使われているのである。

【現在も軍事利用されているもの】（現在地名）

●八雲陸軍飛行場（八雲町）　一九四三年四月着工、一〇月完成。戦後、飛行場用地は耕地化、滑走路は米軍に破壊されたが、朝鮮戦争にともない五〇年米軍に接収され新しく飛行場として五二年完成。五七年米軍撤退により防衛庁に移管。これに対し自衛隊誘致の賛成・反対運動が長く続いたが、七六年八雲町はナイキミサイル基地設置を受け入れ、現在は航空自衛隊八雲分屯地。

●千歳海軍第二飛行場（千歳市祝梅）　一九四三年着工、四五年八月完成。長距離陸上攻撃機の発着用に造成。戦後、米軍基地として使われ、保安隊も共用し、陸上自衛隊発足とともに戦車部隊の中心となり、現在は陸上自衛隊東千歳駐屯地で第七師団司令部。

●千歳海軍第三飛行場（千歳市祝梅）　一九四三年着工。主に副滑走路の役割。戦後、米軍の進駐基地、そして保安隊にも共用され、自衛隊の発足につれ次第に米軍基地の返還が進み、ここに米軍施設は集結されていったが、七五年米軍基地は閉鎖。現在、陸上自衛隊東千歳駐屯地。

●札幌陸軍第一飛行場（札幌市東区丘珠）　一九四二年夏着工、四四年完成。陸軍の主要飛行場。最盛期、朝鮮人三千人が就労。戦後、米軍が四六年から五〇年まで落下傘降下訓練飛行場として使用し、五二年に接収解除され保安隊が移駐、現在は陸上自衛隊丘珠駐屯地、北部方面航空隊。

●美幌海軍第一飛行場（美幌町）　一九三八年四月着工、四三年九月概成。千歳とともに海軍の拠点飛行場。四三年頃から地下壕工事などで朝鮮人約三〇〇人が就労。戦後、米軍の進駐基地にされ施設も破壊されたが、五〇年警察予備隊が発足するや、直ちに町内誘致を決め積極的運動の結果、五一年には旧海軍航空隊庁舎を利用して警察予備隊が入り、現在は陸上自衛隊美幌駐屯地。

•計根別陸軍第四飛行場（別海町西春別）　一九四三年五月、住民を強制退去させ着工。計根別第一飛行場の代替飛行場。この飛行場近くの朝鮮人飯場には約一千四〇〇人の朝鮮人がいた。戦後、五一年には米軍が進駐し、現在は陸上自衛隊別海駐屯地。

•帯広陸軍第一飛行場（帯広市南町）　隣の音更の航空事業の影響も受けて、民間の帯広飛行場が一九三二年完成。また帯広は町制時代から軍隊誘致に熱心で浜松飛行隊が帯広飛行場に常駐し、軍の要請で陸軍飛行場に転用となり、三七年一一月着工。戦後、警察予備隊発足にともない招致され基地として使われ、現在は陸上自衛隊帯広駐屯地で第五旅団司令部とその十勝飛行場。

6　北海道から平和を考える

「脱帝国主義化」の視点を

日本の近代国家形成において、北海道の「内国植民地」とも称せられた厳しい近代の歩みの一端について述べてきた。つまり日本の北方国土領域化における防備や戦争の備え、アジア・太平洋戦争期の戦争支持基盤として、強制労働そして多大な人権侵害が展開されたのである。北海道から平和を考える場合、こうした苛酷な人権侵害の歴史を直視しなければならないのではないか。

それは日本の平和にとって重要な、「脱帝国主義化」という課題を照射させることになるからである。一九九五年―戦後五〇年という節目を迎えて、「軍隊慰安婦」にされた女性を始め被害側のアジア諸国・民衆が、日本の戦争・植民地支配責任清算の不誠実さや不十分性を厳しく批判した。

それによって日本社会もやっと、アジア・太平洋戦争期の加害責任を一定自覚する状況となった。だがその一方でこの事態に対し、日本の右派勢力などは歴史事実の改竄《かいざん》言動、歴史教科書の加害記述削除要求に、躍起となっている。また戦後から政治家・政府関係者などに、〝アジア侵略の否定や植民地支配の肯定〟発言が続いてきた、という事実もある。

こうした情勢が続いている背景、底流には何があるのだろうか。日本の明治以降の「近代化の成功」、それは同時にアジアへの帝国主義国家化であったが、そうした歴史への批判的自覚に日本社会が乏しかったからではないのか。日本の帝国主義化を、欧米の動向を規範として〝日本の国力の強大さ、日本人の優秀さ〟と置き換える認識に惑わされているからではないか。つまりアジア・太平洋戦争の誤ちが、日本の帝国主義化からの連続性に起因しているのだという歴史認識の薄弱さである。だから日本社会が、日本の侵略・植民地支配に一定の反省をみても、帝国主義化の問題性にまで意識が及ばねば、戦争の総括と反省は一貫しないことになる。今後の平和追及においては、「脱帝国主義化」の視点が必要なのではないか。

余談になるが近年、日本の学界に「脱植民地化」という用語・研究領域が現れている。それは「帝国」と「植民地」との関係において、植民地脱却後の影響や意味づけを論じているもので、欧米の学問動向の反映である。そこでは日本の「帝国」からの清算について〝日本の脱植民地化〟という表現が多用されているが、私には違和感がある。〝日本の脱帝国主義化〟という、主体的営為としての用語を使い論じていくべきではないかと考えるからだ。

「帝国意識」の解体、その現場としての北海道

最後に、この「脱帝国主義化」の中心テーマの一つとなる「帝国意識」[*15]とその存在にふれておきたい。「帝国意識」とは〝植民地統治（帝国の支配）を支え正当化する意識〟とされ、帝国に所属する者の帰属意識とも成っていく。この「帝国意識」は帝国主義国家の進展とともに成長し、自国の被支配民族への蔑視・排外観を募らせ、その裏返しとして自民族への優越感も醸していくことになる。

こうした「帝国意識」は、近代日本が帝国主義国家として進んでいったとき、「内国植民地」とされた北海道で、とくに社会的に疎外された人々（囚人、監獄部屋労働者）や植民地民衆であった朝鮮人を苛酷な労働にさらしていったのである。また本稿では論じることができなかったが、北海道の先住民族であるアイヌへの劣悪な差別処遇もそれに由来する。

それではこの「帝国意識」は戦後、大日本帝国の崩壊とともに消滅したと言えるであろうか。植民地解放後も日本に定住することになった在日朝鮮人は、これまで制度的差別と人権侵害に苦労させられてきたが、現在も抜本的には解決されていない。[*16]

それはなぜなのか。戦後、それまでの大日本帝国の歴史的な総括と反省に基づいた、在日朝鮮人への戦後処理が行われなかったからである。[*17] そしてそれを可能にさせたのが、日本社会・民衆の朝鮮人への蔑視観、排外観だったのだ。つまり日本社会に形成された「帝国意識」は解体されきれずに、いやその存在すら自覚することなく残滓としてあり続けているのである。「脱帝国主義化」の課題は、現状では「アジア諸国・民衆の被害責任清算問題」として存在しているが、日本国内の歩みにおいてもとらえる必要がある。帝国主義国家化が特定の地域において、いかに苛酷な人権侵害

＊15　この用語は、岩波講座『近代日本と植民地 1 植民地帝国日本』の木畑洋一氏の論考「英国と日本の植民地統治」による。

＊16　社会保障制度や公職・公的資格からの排除、出入国管理法および外国人登録法による些細な違反に対する厳格な取締や強制退去、指紋押捺の強制。一九七九年に日本が国際人権規約に加入して以降、かなり改善されたがそれでも社会保障や公職就任の一部からの排除、民族教育への差別が残されている。

＊17　英、仏などは歴史的責任から旧植民地民衆には自国民に準ずる処遇を行ったが、日本は在日朝鮮人を一方的かつ、たんなる外国人として処理し、歴史的責任に基づき安定した地位や生活上の配慮を与えなかった。

を展開しその清算は果たされたのか、それらに通底する「帝国意識」は解体できるのか、そこに立ち向かってこそ「脱帝国主義化」への日本民衆の主体的関与が広がるからである。そうした代表的な現場として、北海道がある。

●参考文献・映画ほか

芦別市と朝鮮人強制連行について話し合う会『記録集　芦別市が朝鮮人強制連行を認めるまで』二〇〇九年
「芦別市における朝鮮人強制連行」を否定した市長発言を撤回させるまでの記録。北海道産炭地域自治体史誌における朝鮮人強制連行・労働への認識も紹介。

強制連行・強制労働犠牲者を考える北海道フォーラム『遺骨の声に応える』二〇〇九年
北海道フォーラムが取り組んだ強制労働犠牲者の遺骨の調査、発掘の記録。

強制連行・強制労働犠牲者を考える北海道フォーラム『2007年浅芽野調査報告』二〇〇八年
朝鮮人強制連行・労働による北海道の軍事施設で、最多の犠牲者を出した浅芽野飛行場の歴史を掘り起こしたもの。

映画「受難の記録――過去を忘れまじ」朝鮮総連映画製作所、一九七九年、五〇分
日本各地の朝鮮人強制連行・労働の現場を訪ね、当事者の証言を聞いたもの。

「朱鞠内・草の墓標展示館（旧・光顕寺）」
一九九五年設立、北海道幌加内町朱鞠内、旧名雨線鉄道と雨竜ダム工事の強制労働犠牲者について資料展示。

●コラム２●札幌の戦跡

平井　敦子

手元に『写真で見る札幌の戦跡』（北海道新聞社刊）という本がある。札幌の民衆史掘り起こしを四半世紀にわたり丹念に行ってきた札幌郷土を掘る会編集による本だ。戦争の歴史を語るとき、私たちはどうしても、東京、沖縄、広島、長崎を語ってしまう。しかし、ここ札幌も間違いなく「戦地」であり、最前線に軍隊を送った拠点としての傷をもった土地であることをこの本は教えてくれる。五九テーマ三〇三枚の写真が示す札幌の戦争は、戦後世代にとってはいつも何気なく散歩していたあの道だったり、公園の森の中にひっそりと立つ石碑だったり、それとは知らずに身近にあるものばかりだ。いくつかの「跡」をたどってみよう。

「藻岩山決戦用高射砲コンクリート台座」は、子どもの頃何度も上り下りした藻岩山登山道中腹にある。地元の人なら「観音地蔵９番のあたり」と言えばわかるだろう。登山中に腰をおろしたあのコンクリートが本土上陸後の決戦場とされ市街戦覚悟の施設だったとは。

また、一本の松の木が語る歴史もある。「旧陸軍歩兵第二十五連隊　営門前　由来の松」。現在の月寒高校から、月寒体育館の手前までひろがる敷地に歩兵第二十五連隊が置かれていた。一九〇三年から四二年間、中国に出撃し、また朝鮮北部、樺太、アリューシャン列島へ出撃した軍隊である。月寒公園下の坂下球場横の斜面が射撃場の的跡だとは、楽しく野球をやっている様子からは想像もつかないことだ。またここから離れた西岡水源池も、二十五連隊に水を引くために作られた施設であり、公園の景観にアクセントを加える池の中の赤い三角屋根の給水塔がまさにその遺跡なのだということも、知る人は少ない。

現在の月寒中学校は、一九四〇年に置かれた北部軍司令部の跡地にある。コンクリートづくりの防空作戦室が敷地横に残されていたが二〇〇八年に市民の保存運動にもかかわらず解体されたのはきわめて残念である。現在北部軍司令部の門柱は月寒平和公園に移設されている。

北部軍司令部や第二十五連隊という、戦争遂行の拠点が札幌にあったという目で、あらためてこの町を見ると、札幌空襲の「標的」の意味も見えてくる。苗穂は糧秣支廠があったし、丘珠は陸軍飛行場だ。それらの建設および労働には、多くの勤労動員・朝鮮人労働があったという。

これらは札幌の戦跡をごく一部紹介したにすぎない。このほかに、防空壕跡、奉安殿跡など、町のそこここにある遺跡が紹介されている。ぜひ、この本を手に子どもたちをつれて札幌の町を歩いてほしいと思う。

最後に、戦跡ではないが札幌で「戦争」をみるためにぜひ訪れてほしい場所を紹介する。ひとつは、月寒平和公園内の「忠魂納骨塔（忠霊塔）」である。終戦の日前後数日その扉が開く。約四千「柱」の遺骨が眠るその様を見てほしい。そして札幌護国神社と遺品殿。意外にプチ靖国、プチ遊就館の存在を知らない市民が多い。敷地内の多くの碑と、遺品殿に残された血染めの軍服や遺品の数々。西南戦争以来の札幌の「戦歴」がそこにはある。

第4章　足もとからの平和

——北海道の「民衆史掘りおこし運動」から学ぶ

小田　博志

1　はじめに

この北海道・アイヌモシリには、ひとつの注目すべき運動がある。「民衆史掘りおこし運動」である。

ここから私たちは、平和をいかにつくっていくのかという問いについて、多くのヒントを引き出すことができる。この草の根の歴史運動のユニークさは、それまで埋もれていた足もとの歴史を掘りおこしながら、それを足もとから平和をつくる実践に結びつけていった点にある。その現場での経験を通して、既存の枠組みを超えた新しい平和への視点、そして「平和のわざ」が見えてくるだろう。

民衆史運動が全北海道の範囲で高揚したのは一九七〇年代であった。関連の出版物の多くがすでに絶版となっている。[*1] だからまず民衆史運動について学ぶ必要があるだろう。本章の前半ではこの運動の出発点となった北見市とオホーツク地域の事例をくわしく紹介したい。そのうえで、後半では民衆史運動から学ぶことは何かを考えたい。とくに植民地と強制労働、積極的平和《ポジティブ・ピース》、他者の「痛

＊1　その網羅的なリストを筆者がウェブ上に作成している。「北海道の「民衆史掘りおこし運動」を掘りおこす（文献表）」http://www13.ocn.ne.jp/~hoda/minsyushi.html

み」への感性といったテーマを取り上げることにしよう。

2　一本の道路から

道路を誰が作ったのか?

この道路を誰が、どのように作ったのだろうか?

一見すると、ごく普通の道路である。これは網走から北見を経由して旭川へといたる国道三九号線である。地元の人はもちろん、他の地域から道東へ車で行くときに通ったことのある人も多いだろう。

▲国道39号線（2011年7月30日、筆者撮影）

この道路の建設が始まったのは一八九一（明治二四）年のこと。その当時は道路建設用の機械がなく、人力で作業が行われた。網走から上川までの約一八〇キロメートルを年内に完成させよという北海道庁長官・永山武四郎の命令のもと、工事は強行された。[*2] それまでの道路工事計画は年間最大四〇キロメートルとされていたのと比べると、これがどれほどの無理な計画であったかがわかる。明治政府はどうしてそんなに急いだのだろうか。その背景にはロシア帝国の南下政策があったとされる。ロシアの北

＊2　小池喜孝『鎖塚——自由民権運動と囚人労働の記録』（現代史資料センター出版会、一九七三年）七四頁。

海道上陸をおそれた明治政府が、屯田兵移住のための軍用道路を一日も早く完成させようとしたのである。これは帝国主義を時代的背景とした、アイヌモシリ・北海道の軍事化の一環と言える。

さて網走から上川にいたるこの道路は「中央道路」とも「北見道路」とも名づけられ[*3]、俗に「囚人道路」と呼ばれることもあった。その建設作業に使われたのが囚人だったからである。その提案をしたのは、太政官大書記官・金子堅太郎であった[*4]。

網走刑務所はもともと釧路集治監の「外役所（後に分監）」として設置され、中央道路開削がその目的であった。そこには懲役一〇年以上の、千人を超える囚人が送り込まれた。一八九一（明治二四）年五月から工事は始まった。前半の八月一五日まで囚人たちは二人一組で鎖につながれて働かされた。逃亡した者は追跡されて、捕捉を拒めば斬り殺され、鎖をつけたまま埋められた。八月一六日以降は、初代網走分監長・有馬四郎助の判断で鎖が外された。しかし食糧不足から脚気が広まり、一二月の工事終了までに一八六人もの死者を出している。八ヶ月間の死者は二一二名にのぼった[*5]。

道路建設以外にも、他の集治監の囚人たちは鉱山開発などに使役され、多くの犠牲者が出た。こうした囚人労働に対する反対運動は、集治監の中から沸き起こった。典獄（刑務所長）や、クリスチャン教誨師らがその先頭に立った。その結果、囚人労働廃止が決定されたのは一八九四（明治二七）年であった。

鎖　塚

この囚人道路の犠牲について、長らく公にされることはなかった。ただ、この道路を通って入植

＊3　「正しくは札幌―網走間が「中央道路」で、このうち岩見沢～旭川～上川間を「上川道路」、旭川～網走間を「北見道路」という」（小池・前掲（＊2）一五頁）。

＊4　小池・前掲（＊2）一〇三―一〇六頁。

＊5　小池・前掲（＊2）四七頁。

した屯田兵たちは「鎖塚」のことを語り伝えていた。工事の前半期に死亡して、道端に埋められた囚人の「土まんじゅう」の形をした墓からは、彼らをつないでいた鉄の鎖が出されていた。そのためにこれを地元の人たちは「鎖塚」と呼ぶようになったのである。

端野町（二〇〇六年に北見市と合併）は、一八九七（明治三〇）年に屯田兵が入植してできた町である。一九六六年にその開基七〇年を記念して、ある小冊子が出版された。屯田兵二世の中沢広町長[*6]（当時）が「巷にこぼれたいろいろな話を集めて見た」という、昔語り集である。この中で中沢は「鎖塚」についてこう書いている。「北見開拓の大動脈になった国道は、こうした犠牲で出来上り、その魂によって守られているのだ[*7]」。

この二年後の一九六八（昭和四三）年に、北海道では「開道百年」のイベントが大々的に開かれた。これに際して札幌の大通公園に、黒田清隆[*8]とケプロン[*9]の巨大な銅像が建築され、開拓の功労者として顕彰された。方や、端野町の緋牛内に残された鎖塚に中沢は標札を立て、そこに「埋れた開拓の礎石の一つとはいえぬか……」と記した。

札幌の銅像と端野の鎖塚。この両者の間には、「開拓」を巡るうえからの視点と民衆の視点のコントラストがはっきりと表れている。民衆の視点から、国道工事犠牲者を供養し、その記憶を保ち続けようとする動きはその後も続く。一九七三年のお盆に中沢は一体のお地蔵さんを鎖塚にまつった。そして一九七六年には端野町民の寄付で六地蔵と観音像および「鎖塚供養碑」が建立された[*10]。この地域の住民みんなの取り組みとなったのである。その後確認された三基目の土まんじゅうを含め、これらは「史跡　鎖塚の区域」として一九九二（平成四）年に端野町により有形文化財に指定された。

＊6　一九〇二（明治三五）年、端野町に屯田兵の子として生まれる。一九六四―一九七六年まで端野町長。一九八九年没。

＊7　中沢広『開拓夜話』（端野町開基七〇年記念事業企画委員会、一九六六年）二一頁。

＊8　一八四〇―一九〇〇年。開拓使長官として屯田兵制度を発案。一八七五（明治八）年の千島樺太交換条約にともない、黒田は翌年八四一人の「樺太アイヌ（エンチュ）」を石狩の対雁に強制移住させ、その結果、慣れない環境の中で疫病が広がり三二〇人もの死者を出すにいたった（樺太アイヌ史研究会『対雁の碑――樺太アイヌ強制移住の歴史』北海道出版企画センター、一九九二年を参照）。一八八八（明治二一）年、第二代内閣総理大臣に就任。

3　民衆史掘りおこし運動と小池喜孝

いわゆる「民衆史掘りおこし運動」は、北見市の高校教師小池喜孝[*11]が牽引役となって始まったものである。小池は一九七三年に「北見歴史を語る会」を結成、その中から試行錯誤を経て、独特の「講座」のスタイルが発展していき、一九七六年に「オホーツク民衆史講座」と名づけられた。その特徴は、「歴史の生き証人」をゲストとし、参加者の払う会費で自主的に運営したこと、鎖塚など歴史の現場に実際に出かけることや、そこでの遺骨発掘や追悼・顕彰碑建立などの実践を組み合わせたことなどである。

さて、小池が民衆史運動に携わるようになったきっかけは、明治時代に自由民権運動の中で起こった秩父事件の首謀者の一人、井上伝蔵の足跡を調べたことだった。明治政府の政策によって多くの日本の農村が窮乏状態に陥った。これに対し、自由党地方党員と農民たちが、高利貸征伐と中央政府打倒を旗印に蜂起したのが一八八四（明治一七）年の埼玉県における秩父事件であった。政府は彼らを「火つけ・強盗」呼ばわりし、軍を送って徹底的に弾圧。幹部のうち五人は処刑され、逃亡した会計長井上伝蔵らには欠席裁判で死刑判決が下された。彼らはしばらく秩父に潜伏の後、北海道へと渡った。井上は伊藤と名を変え、札幌、石狩を経、野付牛（現在の北見市）に移った。一九一八（大正七）年、病気による死が近いことを悟った井上は、北海道でつくった家族を枕元に呼び、己の本当の姿を語った。自分は国事犯であり、死刑を宣告された井上伝蔵であると。

この井上伝蔵の足跡調査の結果を小池は一九七一年に『文芸北見』に発表し、注目を集めた。そ

＊9　一八〇四―一八八五年。米国農務省長官、一八七一（明治四）年に開拓使顧問として来日。

＊10　中央道路に沿った他の地域でも犠牲となった囚人を供養する動きがあった。遠軽町瀬戸瀬では一九〇五（明治三八）年に「山神」の碑が建てられ、一九五八年に遺骨発掘、一九七六年には囚人慰霊碑が建立された。一九六八年、林隆弘尼の働きかけで網走二見ヶ岡に「国道開削殉難慰霊碑」が建てられた。白滝村では一九七三年に囚人墓地の発掘と供養、翌年には北見峠の殉難慰霊碑が建立された。留辺蘂町では一九八五年に中央道路開削殉難者の墓と慰霊碑が建立された。さらに北見市豊田では一九九六年に中央道路開削犠牲者慰霊碑が建てられた。

＊11　一九一六―二〇〇三

れから小池が取り組んだのは、捕らえられて北海道に送られた井上の同志四人の調査であった。小池は彼らが網走に送られた可能性を考え、網走刑務所を訪れて、囚人過去帳の閲覧を願い出た。しかし過去の火災のためそれは焼失したとして見せてもらえず、次に教え子の父親から留辺蘂町のある尼僧なら知っているかもしれないと言われ、一九七一年の五月そのお寺の門を叩いた。

その尼僧・林隆広《りゅうこう》[*12]に小池が秩父事件の獄死者について尋ねたとき、隆弘尼は「場合によっては協力しかねる」と言った。[*13] 小池は不満に思った――自由民権運動の闘士を復権する意義がこの尼僧には理解できないのか。しかし続く言葉で、その意味を悟った。

あなたは、死んでからまで囚人を、民権家だ〝破廉恥罪〟だといって区別されるんですか。

この「尼僧の一喝」は小池が民衆史の掘りおこしに歩みを進めるうえで、ひとつの転機となった。「国事犯」である自由民権運動の活動家だけでなく、それに該当しないかもしれない多数の囚人と、彼らを生み出すことになった明治日本の歪みへと視野を広げる必要性を小池は痛感したのである。

ところで、小池は林隆弘の民衆史運動における役割をこのように評価している。

土着的とでもいえるような民間信仰による尼僧の囚人供養と、私たちの歴史掘りおこし――科学的な歴史運動――とは、その後も自然な形で結合を強めていった。もしこの出会いがなかったら、掘りおこしが住民運動に発展するのは、だいぶあとになったかもしれない。[*14]

地域住民にとってなじみの深い「供養」という実践と、平和活動とが結びついたのである。

年。東京都東村山市生まれ。青山師範学校卒業後小学校教師となる。戦後、公職追放処分され、その解除後の一九五三年北見北斗高校に社会科教師として赴任、一九六六年美幌高校へ、一九七三年北見工業高校へ異動。これを機に民衆史掘りおこし運動を組織的に開始した。一九七八年に定年退職。一九八二年には埼玉県東松山市に移住した。

＊12　一九一五（大正四）年、相内村（現、北見市）に佐賀からの屯田兵の子として生まれる。尼僧となり、一九六五年、留辺蕊町に白龍山遍照院（高野山真言宗）を開いた。一九八七年没。

＊13　オホーツク民衆史講座編『民衆史運動――その歴史と理論』（現代史出版会、一九七八年）六二頁。

＊14　オホーツク民衆史講座編・前掲（＊13）六三頁。

民衆史掘りおこし運動は、民衆が民衆の歴史を再発見していく運動である。旧来の官製の歴史において、歴史を動かす主人公はエリートであった。アカデミックな歴史学においても政治経済的支配層に焦点が当てられてきた。民衆史は結果的にこの傾向に挑戦し、歴史を捉える枠組みそのものを問い直すことになった。いわば下からの歴史を開いてみせたのである。

4　民衆史運動の広がり

民衆史運動で掘りおこされたのは、既に述べた囚人以外に、アイヌ、ウィルタなどの先住・少数民族、「タコ労働者」、屯田兵・開拓移民、男性開拓移民の影に隠れてきた女性、足尾鉱毒事件などの公害被害者、朝鮮人・中国人強制連行犠牲者などの歴史であった。ここではそれらのあらましを紹介したい。

常紋トンネル―タコ部屋と鉄道工事

俗にいう「タコ部屋」とは、小池によると一八九〇（明治二三）年の北炭室蘭線・夕張線工事から始まったもので、[*15] 北海道ならびに樺太に独特の強制労働の一形態である。一八九四年に廃止された囚人労働に交代するかのように広まっていった。「タコ」の語源には諸説あり、[*16]「タコ部屋」は「監獄部屋」ないし「土工部屋」と称されることもある。多くは東京や大阪で周旋屋にだまされた失業者が、前借金を負わされ、土木建設現場や鉱山に送られ、そこの飯場で拘禁状態に置かれて働かされた。タコ部屋では「棒頭」をトップとする暴力支配が常態化し、怠けているとか反抗的とみなさ

＊15　小池喜孝『常紋トンネル――北辺に斃れたタコ労働者の碑』（朝日新聞社、一九九一年）一二三頁。

＊16　道内で雇われる「地雇」に対する、「内地」（本州、四国、九州）から移送された「他雇《たこ》」。労働の結果肩にできる胼胝《たこ》。一旦入ると抜け出せない「蛸壺」のような環境で、自分の手足を食べて生き延びる蛸。もしくは逃げ足の速い、糸の切れた凧。これらが主な語源の説であるが特定されていない。なお、中川功（常紋トンネル工事殉難者追悼碑建設期成会編『トンネルの壁のなかから（常紋トンネル工事殉難者追悼碑完成記念誌）』一九八三年、一五七頁）はこの言葉が差別的であるとして、その使用に注意を喚起している。

れた労働者は虐待された。

北見の民衆史掘りおこしで焦点になったのが常紋トンネルである。これは北見と湧別を結ぶ湧別線工事の中でも最大の難所と言われたところで、一九一二（大正元）年に着工し、三年を費やして完成した。

この工事による百数十人とも言われる犠牲者の霊を慰めるため、一九五九（昭和三四）年にトンネルの手前に国鉄職員の手で歓和地蔵尊が建立され、毎年慰霊祭が営まれている。この近辺ではさまざまな怪談話が語り伝えられていた。そのひとつに労働者が「人柱」にされて埋められているという話があった。それが本当だったとわかったのは一九七〇年のことである。二年前の十勝沖地震による損傷を修復するため、作業員が待避所の壁面のレンガを外したところ、その向こうから一体の遺骨が出てきた。一九七三年の地蔵尊例祭に参加して、その事実を知った小池は衝撃を受けた。

文字や記録する術をうばわれていたタコ労働者が、幽霊伝承によって歴史を伝えていようなどとは、思いもよらなかった。*17

さっそく聞き取り調査を開始、翌年には埋められたとされる犠牲者の遺骨発掘に取りかかった。地域住民が主体の数度の発掘で、計八体の遺骨が発掘された。この体を使った発掘作業には、たとえ遺骨が出なくとも、参加者の意識を変える力があった。それは「タコ」を蔑視し、見てみぬふりをしてきた己を恥じ、またその犠牲者の運命を「痛み」をもって追体験するようになったということである。ある学生参加者の言葉「掘るとは、自分の心を掘ること」に、それが表れている。*18

一九八〇年一一月留辺蘂町の共同墓地にこれら犠牲者の遺骨が納められた。そして、線路を見下

*17　小池・前掲（*15）一一三頁。

*18　オホーツク民衆史講座編・前掲（*13）七八頁。

ろす土地に追悼碑が建立された。この碑には本多明二制作のレリーフが取り付けられた。これには最初つるはしを振り上げて働く労働者の案があったが、死んだ後も働かせることはないとの思いから、つるはしを下ろし、まっすぐ立って静かに瞑想する労働者の姿へと変更されたのである。この碑の建設費用は主に留辺蘂町住民の寄付でまかなわれた。建碑運動を推進した中川功（元町職員）は、「碑は、人びとの意識を変革する力を持っていた」と述べる。[*19]「タコ部屋」の歴史が公のものとして形を取り、「タコ」労働者が工事犠牲者として位置づけ直されることで、住民の間のタブーが破れ、少しずつ語り始める人が出てきたのだという。

囚人労働からタコ部屋労働へと続く非人道的な労働は、第二次世界大戦下では、中国人と朝鮮人の強制労働へと引き継がれた。タコ部屋労働は戦後になっても札幌市真駒内の米軍施設建設や、[*20]泊村茅沼炭鉱[*21]で続いていたことが明らかになっている。終了したのは進駐軍による禁止によってであった。

置戸の碑―朝鮮人・中国人強制連行

日本の東アジア地域における帝国主義的膨張政策は、北海道と琉球の「併合」を原型とし、[*22]日清戦争による台湾の獲得（一八九五年）、韓国併合による朝鮮半島の植民地化（一九一〇年）、中国東北地方における傀儡国家・満州国の建国（一九三二年）、そして盧溝橋事件（一九三七年）に端を発する日中戦争へと拡大の一途をたどっていった。この過程で、軍需資源の増産が求められ、また日本人男性の徴兵による労働力不足から、植民地支配下の朝鮮人に対する強制動員（一九三九―一九四五年）と、戦闘地域における中国人の強制連行が行われ、その内の多くが北海道に送られてきた。

＊19　常紋トンネル工事殉難者追悼碑建設期成会編・前掲（＊16）一五六頁。

＊20　札幌郷土を掘る会編『〝体験者が語る〟戦後も続いたタコ部屋労働――真駒内米軍基地建設工事』（札幌郷土を掘る会、一九八七年）。

＊21　小池喜孝『北海道の夜明け――常紋トンネルを掘る』（国土社、一九八二年）。

＊22　上村英明『先住民族の「近代史」――植民地主義を超えるために』（平凡社、二〇〇一年）一四八頁。

北見の南西に位置する置戸と、西方の留辺蘂町イトムカでは、水銀が軍需資源として採掘された。この現場にも多数の中国人・朝鮮人労働者が移送されてきた。中国人・張冠三は河南省の農民であったが、一九四四年に日本軍により拉致され、一九五名の同胞とともに置戸に連行された。[*23] 戦後は北見に残って、日本人女性と結婚、中華料理店を営んでいた。しかし彼はけっして日本語を話そうとしなかったという。張の義兄を介して、オホーツク民衆史講座の小池喜孝ならびに弦巻宏史は張と知り合い、朝鮮人・中国人強制連行の掘りおこしに取り組むことになった。

一九七六年五月、張冠三の案内で、民衆史講座メンバーと置戸町民有志とが置戸鉱山跡の調査を行なった。その夜の座談会において、かつて鉱山で働いていたある置戸住民が張に向かって手をつき、号泣しながら詫びの言葉を述べた。

あのとき、一緒に働いていた中国人にタバコをやらなかったこと……。済みませんでした……。許してください……。[*24]

置戸町住民による、足もとの強制労働の掘りおこしと、犠牲者追悼のための運動がこの出会いから始まった。その集中力とスピードには驚くべきものがある。翌六月には、「置戸鉱山の歴史を語る会」が結成された。そして何の事前の計画もなく、資金のあてもないにもかかわらず、たった一ヶ月で慰霊碑を完成させたのである。この建碑運動は、「いつか、中国や朝鮮の人たちが来ても、恥ずかしくない心のこもった慰霊碑を町民自身の手で、ひとりひとりに訴えてつくる」[*25] という理念のもと進められた。生活保護家庭からも自発的な寄付の申し出があるなど、予定額をはるかに越える金額が短期間で集まり、一九七六年七月一一日には「置戸鉱山中国人・朝鮮人殉難慰霊碑」(通

＊23　オホーツク民衆史講座編『語り出した民衆の記録――オホーツク民衆史』(オホーツク民衆史講座、一九七七年)一九頁。

＊24　オホーツク民衆史講座編・前掲(＊23)一六頁。

＊25　オホーツク民衆史講座編・前掲(＊23)一六頁。

称「置戸の不戦の碑」）の除幕式が開催された。遠藤孝一事務局長が「今後は、日本、中国、朝鮮三国の平和友好のために力を尽くすことをお誓いすると共に、遅すぎるとは思いますが、今私たちは心の底から、あなた方に深く深くおわび申し上げます。本当にすみませんでした」と「祭文」を締めくくった。張は母国語で過去の苛酷な体験を語り、「死んだ同胞のたましいは、三二年振りかでようやく母国へ帰ることができ、あのすばらしい慰霊碑の中で喜んでいることでしょう。朝鮮・日本・中国は、……隣人同士なのです。子々孫々まで手を取り合って仲良くしてほしいと、私は心から願っております」[*26]と応えた。交流会の場で、武田勝雄は「今日は平和への出発だと思います。子どもや孫たちに、平和をこうしてつくるよう、毎日の生活の中から伝えていかなければならないと思います。日中朝三国の人々が仲良くやっていかなければならないと思います。……今日は出発点です」[*27]と述べた。

この地域には何人かの在日朝鮮人も住んでいた。強制連行犠牲者もおり、差別の中で日本軍に志願した者もいた。そのひとり李相鳳は置戸の「三国人民連帯」の新年会で「こんなに心を開いて話ができる場所は僕の人生には今までなかった」と語った。[*28]この時期の置戸には、普段日本人に白らの胸中を明かすことのない在日の中国人と朝鮮人が、その思いを語ることができる場＝関係性が形成されていたのである。

イトムカ鉱山では四二人の朝鮮人労働者の死亡が確認されているが、実際にはその数倍にのぼると推定されている。[*29]この現場から逃亡する労働者も少なくなかった。業者側は、棒頭を要所要所に張り込ませて摘発を企てた。この状況で、朝鮮人労働者の逃亡を助けた地域住民がいた。イトムカ鉱山から下ったところに厚和という地区がある。一九四四年六月、ここの農家、ＮＹさん宅にひと

＊26　オホーツク民衆史講座編・前掲（＊23）一九頁。

＊27　オホーツク民衆史講座編・前掲（＊23）二〇頁。

＊28　オホーツク民衆史講座編・前掲（＊13）一一一頁。

＊29　小池・前掲（＊17）二一二―二一三頁。

りの朝鮮人青年が逃げ込んだ。Yさん（当時五〇歳）は、逃亡者を物置の二階奥に隠して、追ってきた棒頭に「どこでも捜してくれ」と言い放った。近所には「甥が農作業の手伝いに来ている」と偽って、しばらく匿い、その間、別の地区で牛飼いをしていた朝鮮人に連絡をつけて逃亡ルートを確保した。そして「ある日の夕方、出征した息子の服を青年に着せ、戦闘帽をかぶらせ……Yさんは青年と家を出た。逃亡者逮捕に賞金をかけて見張っていた関所では、青年を先に歩かせ、Yさんは棒頭と話をして、無事に通り抜けたという」[*30]。またある関所で、この女性は「息子と歩くのにとめられる筋合いはない」とさえ言った。[*31]この「市民の勇気」が戦時体制下に見られたことをも、民衆史運動では掘りおこしたのである。

*30　小池・前掲（*17）二一四頁。

*31　オホーツク民衆史講座編・前掲（*23）二五頁。

女性史

北海道で民衆女性の歴史を掘りおこした先駆者は、旭川の高橋三枝子であった。一九七二年に高橋は「北海道女性史研究会」を結成して農漁村に生きる女性の聞き取りを始めた。その成果『北海道の女たち』（一九七六年）では屯田兵の妻たちの部の前に、アイヌ女性からの聞き書きが置かれている。

民衆史講座においても「屯田兵の妻たち」がゲストに招かれ、女性の視点から開拓を語った。

父さんは毎日訓練に出かけるからいいが、開こんは残った家族の仕事で、官給品の農具の検査がやかましく、泥などつけておこうものなら、どなられた。五年間に開こんを終了させねばならないので、夜も遅くまで働いた。この年になるまで、生きていてよかったと思ったことなど、一度もなかった。[*32]

*32　オホーツク民衆史講座編・前掲（*13）一五六頁。

これを聞くと、開拓の担い手として屯田兵のみを挙げることがいかに男性中心的かに気づかされる。北見の女性史掘りおこしの成果として扇谷の著作がある。[*33]

ウィルタのゲンダーヌ

ダーヒンニェニ・ゲンダーヌは樺太（サハリン）の敷香町（現ポロナイスク市）郊外のサチで、先住民族ウィルタとして生まれた。生年は一九二六―一九二七年と推定される。[*34] 日露戦争後のポーツマス条約（一九〇五年）で、日本はロシアから南樺太の領有権を得ると、オタスを「保護地域」と指定しウィルタ、ニブヒら北方少数民族をそこに強制移住させた。第二次世界大戦中、ゲンダーヌを含むウィルタに日本軍特務機関から召集令状が出され、ソ連に対する諜報活動に従事させられた。戦後彼らはソ連軍に捕らえられ、シベリアに抑留された。ほぼ一〇年の抑留生活から解放されたゲンダーヌは、網走に移り住んだ。そこで彼は「北川源太郎」を名乗り、差別をおそれてウィルタであることを隠し続けた。

民衆史講座においてゲンダーヌの声を聞いた学生の聴衆は衝撃を受け、ウィルタを支えるための運動が始まり、一九七五年の「オロッコの人権と文化を守る会」（後に「ウィルタ協会」）の結成につながった。またゲンダーヌのほうも支援者と接することで変わっていった。[*35] 自らを「ウィルタのゲンダーヌ」として生きることを選び直し、ウィルタの民族衣装を身にまとって、ウィルタ語を使って各地で発言をするようになったのである。

ゲンダーヌは三つの「ヌチーカ・トリビチ（小さな夢）」があると語った。そのすべてを彼は実現した。まず全国から支援を受け一九七八年に網走市に「北方少数民族資料館ジャッカ・ドフニ」[*36] を

＊33　扇谷チヱ子『萩の根は深く――屯田兵の妻たち』（ドメス出版、一九八六年）。

＊34　ゲンダーヌの生涯についてくわしくは、田中了、D・ゲンダーヌ『ゲンダーヌ――ある北方少数民族のドラマ』（現代史出版会、一九七八年）を参照。

＊35　オホーツク民衆史講座編・前掲（＊13）八六頁。

＊36　ジャッカ・ドフニは「大切なものを収める家」の意味。ゲンダーヌが一九八四年に没した後、義妹の北川アイ子が二代目の館長に就任。北川も二〇〇七年に亡くなった。ジャッカ・ドフニはたいへん残念なことに閉館が予定されている。

完成、館長に就任した。これは手づくりの温かみのある、野に咲く花のような資料館である。サハリンを再訪し同胞と交流する夢は、一九八一年に実現した。そして日本軍に使われ、シベリアで亡くなった仲間を追悼するため「キリシエ（少数民族ウィルタ・ニブヒ戦没者慰霊碑）」を一九八二年、網走市に建設した。

アイヌ民族

侵略され搾《ママ》取され謀《ママ》略の限りを尽くしたシャモ（和人）たち。

　明治政府に完全に侵略された百年でございます。松前藩シャモの侵略が始まって約四百年たちます。この長い年月の間、忍従を重ねてかろうじて生きてきた。そこには貧困、栄養不良、多くの伝染病、あらゆる苦労を重ねたのでございます。これを少数民族の悲劇だなどと、やすやすと片づけられる問題ではないはずです。重大問題です。

　日本の大衆、みなさんも含めてたった一度の敗戦体験さえもあれほどの苦しいものでございます。みなさんは主権者でございます。三百年有余の長い間、一方的に被ったアイヌ民族の不利益をどうしてくれるのでございますか、と私は主権者であるあなたがたにお尋ねするのでございます。

　悪業、非道の悪魔の子孫ども、みなさんの顔をみていると（個々人にはまことに敵意はありませんが、話させてください）、だんだんと赤鬼・青鬼の顔に見えてきました。[*37]

山本多助は、多くは教員である和人の聴衆にこう問いを向けた。一九七五年に釧路で開催された第一回アイヌ民衆史講座でのことである。小池は、この山本エカシとの対面が、「アイヌの人権と文化を守る」運動の始まりだったと振り返っている。[*38] 小池や松本成美[*39]らは、このようなアイヌの

*37　松本成美・秋間達男・館忠良編『コタンに生きる――アイヌ民衆の歴史と教育』（現代史出版会、一九七七年）一六七頁。

*38　小池・前掲（*21）一二六頁。

*39　一九二七年高知生まれ。二〇〇九年没。中学教師として白糠と釧路で勤務。釧路アイヌ文化懇話会や釧路アイヌ語の会の会長を務めた。

「肉声」を聞き、また厚岸の国泰寺などの史跡に立ったとき、「文字や間接的な話からはうけとめられなかった、重くて深いものを痛覚を通して感じとった」[*40]。

歴史の証言者の言葉に衝撃を受け、そこから新しい運動が立ち上がる。このプロセスが民衆史運動に特徴的である。まず相手の話に耳を傾ける。そして、それをふまえて、その人と共に何かを実際に行う。これを傾聴と連帯・共働というキーワードでとらえることができるだろう。

講座にゲストとして招いて、傾聴が行われることが多かった。アイヌ女性の鷲谷サトは、一九七六年に開講された、オホーツク民衆史講座の第一回目でこのように言っている。

> 私たちがこういうふうに受けて来た苦しみ、受けて来た差別を訴える場所がない、また、私たちも訴えるということを知らなかったんです。……今日このような場所で、私たちの思っていることを訴えられると云うことは北見の人々の好意で、本当にありがたく思っております。[*41]

連帯と共働が目覚ましい形で実践されたのは、白糠・釧路地域においてであった。〝アイヌ〟という言葉を発することすらタブーであった白糠町で、一九七五年には演劇『コタンに生きる――飯塚森蔵の生涯』がアイヌの出演者・貫塩喜蔵と共に上演された。一九七七年の厚岸での「アイヌ民族弔魂碑」と釧路市春採湖畔での三浦政治顕彰碑、七九年の白糠での「白糠先駆者アイヌ弔魂碑」の建立。また白糠の貫塩喜蔵が受け継いできたアイヌ叙事詩『サコロペ』の出版を、地元の中学校教師・畠山重義と松本成美が支援し、白糠町が出版したのは一九七八年であった。

以上の動きは、アイヌと和人の連帯の歴史の掘りおこしとも連動したものであった。アイヌの側に立ち続けた春採の学校校長・三浦政治、湧別のアイヌ・コタンで生きた土佐出身の開拓民・徳弘

＊40　小池・前掲（＊21）一二六―一二七頁。

＊41　オホーツク民衆史講座編・前掲（＊23）三三頁・三五頁。

正輝、秩父事件で追われ白糠のアイヌ・コタンで生きた飯塚森蔵（ただしこの点は確証されていない）といった人物が掘りおこされ、アイヌと和人の別の関係性を示すものとして光が当てられた。

民衆史運動は、アイヌと和人、さらにウィルタ、在日の朝鮮人、中国人の間に顔の見える人間関係をつくっていった。冒頭の厳しい告発を行った山本多助は民衆史講座との絆を強めた。これら五つの民族から参加があった一九七六年の「五民族連帯宿泊のつどい」で山本は、「今晩おいでの方々は、……国がやらなかった五族融和という大事業を、ささやかではありますが実現させたのです。これこそ、民主主義というダイヤモンドを掘り出した北見の民衆史運動の、誇るべき頂点です。こんなうれしいことはありません」と述べた。[*42]

＊42　オホーツク民衆史講座編・前掲（＊23）一二三頁。

また運動の中で、アイヌの「差別される少数者」という位置づけが「先駆者」「指導者」へと転換され、「アイヌに学ぶ」という姿勢が表に出るようになったことも付け加えておきたい。丸瀬布郷土史研究会の秋葉実はこう書いている。

貧乏だった私たちの父祖は、アイヌにその食生活を教わらなければ、おそらく水腫病等に倒れ、今日の私たちは存在しなかったに違いない。北海道で生まれた私たちは、人の下に人を置くアイヌ蔑視政策に影響されたけれども、内地で育ち北海道に渡って苦労した父祖たちにとって、アイヌの人たちは、善き隣人であり北国の生活指導者でもあったといえる。[*43]

＊43　オホーツク民衆史講座編・前掲（＊13）五六―五七頁。

足尾鉱毒事件と栃木団体

留辺蘂からかつての「囚人道路」を通って北に進み、東に回り込んだところに佐呂間町栃木という地区がある。北見市の北に位置するが、その間には仁頃山が立ちふさがり、北方にのみ開けた山間地である。栃木という地名は移民の出身県に由来する。ではなぜそのような地名がつけられたのだろうか。そこには、明治後期に発生した足尾鉱毒事件に関わる歴史があった。よく知られているように、これは古河鉱業経営の足尾銅山から出る毒性のガスと排水とによって引き起こされた、近代日本最初期の公害事件である。渡良瀬川流域の谷中村に国会議員・田中正造が住み込んで、村民と共に鉱毒反対運動を展開した。これに対し官の側は、村を遊水地として水の底に沈め、強制廃村にするという手段をとった。そこで提示されたのが北海道移住の案であった。「南向きのこえた土地」との宣伝が虚偽だとわかったのは、谷中村の人びとが一九一一（明治四四）年、現地に到着したときであった。「だまされた」という思いの中、移民たちは開拓に取り組んだ。しかし帰郷への思いは断ちがたく、強制移民から六一年目の一九七二年に一三戸中七戸が栃木市石橋町への再移住を果たした。小池は佐呂間の栃木団体との関わりを、彼らへの支援を十分運動に広げられなかったと、後悔をもって振り返り、民衆史運動の「失敗の前史」に位置づけている。[*44] 栃木団体の人びとのような運命は決して過去のものではない。二〇一一年三月一一日以後、東京電力の福島第一原子力発電所事故にともなう放射能汚染によって、周辺の数々の自治体の環境が破壊され、その住民は強制的な移住を余儀なくされている。奇しくも、谷中村強制移民から百周年の年である。私たちはここで足尾鉱毒事件から何を学べるだろうか。いや、この百年の間、そこから学ばなかったからこそ、福島原発事故が起こってしまったというべきだろうか。

*44　オホーツク民衆史講座編・前掲（*13）一〇一－一二〇頁。

他地域への広がり

北見から発した民衆史運動は全道的な広がりを見せた。釧路では松本成美を中心に「釧路アイヌ文化懇話会」が結成された。夕張の「夕張働くものの歴史を記録する会」は民衆の視点から炭鉱の歴史を掘りおこした。深川に拠点を置く「空知民衆史講座」は、幌加内町朱鞠内の鉄道とダム建設で犠牲になった「タコ部屋」・朝鮮人労働者の犠牲を掘りおこした。さらにそれは朱鞠内の旧光顕寺を集いの場としながら、「東アジア共同ワークショップ」として国境を越えた広がりをみせている。[*45]「札幌郷土を掘る会」は藻岩発電所など、札幌の足もとに埋もれてきた強制労働の歴史を明るみに出した。また札幌市では、浄土真宗本願寺派札幌別院に一〇一体の中国人・朝鮮人・日本人の強制動員犠牲者の遺骨が納骨されていることが公表されたことを受けて、二〇〇三年に「強制連行・強制労働犠牲者を考える北海道フォーラム」が設立された。この団体は宗谷郡猿払村と枝幸郡浜頓別町にまたがって旧日本陸軍が建設した浅茅野飛行場に関わる、朝鮮人・日本人強制労働犠牲者の遺骨発掘にも携わっている。これら北海道の「遺骨問題」は、約四〇年前に北見で始まった強制労働の歴史を掘りおこす取り組みが、いまだに完結していないことを示している。

*45　殿平善彦『若者たちの東アジア宣言』（かもがわ出版、二〇〇四年）。

5　民衆史運動から「平和」を学ぶ

オホーツクの民衆史運動は先駆的なものであり、再評価の価値がある。では具体的にどのような点に今日的意義があるのだろうか。まず平和概念の拡大をもたらすという点が挙げられる。これに関して、植民地と強制労働への視点、民衆の平和をつくる力を取り上げたい。そしてとくに重要な点として、民衆史運動の基礎にある「痛み」の感覚について考察したい。

植民地と強制労働

平和には戦争が対置されることが多い。しかし歴史を遡るとその理解は浅いと思えてくる。一九世紀後半から二〇世紀初頭にかけて、世界は帝国主義の時代であった。世界地図上では一部を占めるにすぎないヨーロッパ諸国とアメリカ合衆国、それに日本が、資源獲得と資本の投下のために植民地を獲得していき、世界のほとんどを分割するにいたった。「植民地」として支配した土地には多くの場合、すでに人、つまり先住民族が生活していた。しかし帝国主義国は、近代的な国家を形成しなかった先住民族の権利を認めず、彼らが住む土地を「無主の地」とみなして支配下に組み込んだ。そうした土地を他国より早く「実効支配」していると示せば自分のものになる、「先占」なるルールも取り決められた。「早い者勝ち」の論理である。植民地獲得競争の中で、必然的に利害が衝突する。それを解決するための手段として、帝国主義諸国は強力な軍事力を備え、戦争を行った。当時「交戦権」は国際法で合法的なものとみなされていたのである。つまり、第一次世界大戦のような二〇世紀の大きな戦争は、何の前置きもなく始まったのではなく、帝国主義と植民地獲得競争の結果として起こった。平和を戦争との関連でだけみていると、戦争の原因としての帝国主義、および植民地支配される側の視点がとらえられない。ここに「戦争」にのみ焦点を当てる平和主義の限界がある。一九世紀後半以降の世界において、平和と対置されるのは帝国主義および植民地主義と言ったほうが妥当であろう。軍事化と戦争はそうした巨大な直接的・構造的暴力の一部なのである。

小池は北海道を「内国植民地」としてとらえる視点を表明していた。たとえば、一九七三年の『鎖塚』ではこう述べている。「後日、台湾、樺太、朝鮮を植民地化する明治国家が、はじめて経営した内国植民地が、北海道だった」[*46]。ここでは北海道とその後の「海外植民地」との連続性が示唆されている。小池のこの視点は北海道を「内国（もしくは「国内」）植民地」の概念でとらえる流れに位置づけられる[*47]。これは北海道の両義性――日本の国内領土でありながら、法的また社会的に植民地的な扱いを受ける――を表現する概念である。この両義性は、江戸幕府がロシアとの間で一八五五年に締結した日露和親条約で、アイヌ民族居住地を日本領と認めさせたことに由来する[*48]。けれどもアイヌ民族の立場からは、アイヌモシリが「日本固有の領土」という論理は成り立たない。上村[*49]、井上[*50]らは、「内国」ないし「国内」という形容を付けず、北海道を端的に「植民地」としてとらえている[*51]。

　北海道の植民地性に着目するとき、民衆史運動に独自なのはそこに「強制労働」の歴史を掘りおこした点である。北海道・アイヌモシリにおいて、遡っては、松浦武四郎が批判したように場所請負制におけるアイヌ民族に対する強制労働があった[*52]。明治の「開拓」期以後になると、インフラ（道路、鉄道、港湾、ダム、飛行場）建設と、鉱山での資源開発のため、囚人労働、「タコ部屋」労働、朝鮮人・中国人強制連行と連綿として強制労働が行われてきた。上述の「タコ部屋」労働について、小池は「タコ労働は日本独占資本主義が内国植民地で強行した差別労働である」[*53]と述べている。

　ダグラス・ラミスは「十九世紀にできたアフリカの鉄道のほとんど」が「足とか首を鎖でつながれていた労働者」をもちいた強制労働によって作られたと指摘している[*54]。アフリカの植民地における強制労働は、先住民族を使役したものであった。一方、明治以降の北海道でインフラ建設に用いられたのは、日本人や朝鮮人・中国人など外部から連れて来られた労働者が主であり、先住民族アイヌは江戸時代の場所請負制で強制労働に就かされたようである。世界史的な文脈に北海道を位置

＊46　小池・前掲（＊2）一〇二頁。
＊47　田村貞雄「内国植民地としての北海道」大江志乃夫ほか編『植民地帝国日本』岩波講座　近代日本と植民地　第1巻（岩波書店、一九九二年）八七―九九頁、今西一「帝国日本と国内植民地・北海道」『世界システムと東アジア――小経営・国内植民地・「植民地近代」』（日本経済評論社、二〇〇八年）などを参照。
＊48　くわしくは、上村・前掲（＊22）。
＊49　上村・前掲（＊22）。
＊50　井上勝生『幕末・維新』（岩波書店、二〇〇六年）二三四頁、「明治維新とアジア」『東アジア世界の近代』岩波講座　東アジア近現代通史　第一巻（岩波書店、二〇一〇年）を参照。
＊51　両者とも、先住民族アイヌの視点に立ってい

づけて、植民地における強制労働の点で他の場所と比較検討する作業が今後求められる。

平和をつくる民衆

民衆史運動では「民衆」に焦点が当てられる。ではここで民衆とは誰だろうか。これまでみてきたように、それはアイヌ、ウィルタなどの少数民族、囚人、タコ労働者、強制連行された中国人・朝鮮人、屯田兵の妻たち、治安維持法や冤罪の犠牲者などである。これら歴史上の暴力の被害者がまず民衆としてとらえられている。さらに「タコ部屋」の棒頭のように現場においては「加害者」としてふるまった者も「民衆」に含められている。そしてこうした民衆の歴史を掘りおこし、記録する地域住民も「民衆」とされる。このように「民衆」は多様な属性の人びとをくくる概念である。共通するのは資本家や政治的エリートにより程度の差はあれ支配される側にある点である。ここで民衆は「階級からの自由」を含意する「市民」の概念とは異なっている。

歴史学者・大江志乃夫は「民衆」を「地域人民」と言い換えながら、「地域人民の歴史とは、決してローカルな辺境ということではない。社会の基底が地域人民にある」[＊55]と指摘している。社会の基底あるいは実質を構成しているのが民衆だという指摘である。ここから視点の転換が起こる。公式の歴史では、政治的エリートがあたかも社会を動かしているかのように記述される。しかし、社会を基底のところで支え、その担い手になっているのが民衆だとしたら、まったく異なったアプローチが必要になってくる。民衆はたんに「無力な被害者」であるにとどまらない。暴力的な構造の中に置かれていても、それを自覚的に振り返り、平和な構造へと転換する主体性《エイジェンシー》を発揮できる行為者《アクター》でもある。

ることが特徴的である。上村は「先住民族の権利の視点がなかったために、日本の歴史学をはじめとする社会科学が、この大日本帝国の詭弁に一五〇年にもわたって誤魔化されて、「北海道」と「沖縄」を植民地問題のスコープからはずしてきてしまった」と批判している（上村・前掲（＊22）一五〇頁）。

＊52　萱野茂『アイヌの碑』（朝日新聞社、一九九〇年）および貝澤耕一・松名隆・奥野恒久・丸山博編著『アイヌ民族の復権――先住民族と築く新たな社会』（法律文化社、二〇一一年）を参照。

＊53　オホーツク民衆史講座編・前掲（＊13）七一頁。

＊54　ラミス、C・ダグラス『経済成長がなければ私たちは豊かになれないのだろうか』（平凡社、二〇〇四年）一〇三頁。

民衆史運動で掘りおこされたのは、悲惨な歴史だけではなかった。民衆の積極的な平和力も掘りおこされた。囚人労働廃止のためにたたかった典獄（監獄官吏）、囚人の供養碑に「山神」と刻んで、雨や雪にあたらぬよう屋根まで設けた開拓民、逃亡してきた「タコ部屋」労働者や朝鮮人労働者を助けた地域住民や「アイヌ人とともに生きた」和人入植者など、別の歴史の側面であった。民衆の歴史の中にたしかにある積極的な、よい側面――慈悲、優しさ、相互扶助、連帯など――をとらえる視点が民衆史運動の特徴である。民衆史運動は歴史の闇ばかりでなく、光をもみて、未来への希望とした。

さらに民衆史運動は、運動としてこのポジティブな可能性を実現していった。「五民族連帯のつどい」ではアイヌ、ウィルタ、中国人、朝鮮人、和人（日本人）が集まって交流した。ここで山本太助エカシは「国がやらなかった五族融和という大事業を、ささやかではありますが実現させたのです」と発言した。[*56] また置戸町で、地域に住む中国人、朝鮮人との交流の中で一九七六年に建立された「不戦の碑」の落成・慰霊式で、武田勝雄氏は「……今日は平和への出発だと思います。子どもや孫たちに、平和をこうしてつくるよう、毎日の生活の中から伝えていかなければならないと思います」と述べた。[*57] 民衆はこのように自らと歴史を振り返りつつ、平和な関係性を実現していった。この実現された積極的平和《ポジティブ・ピース》にあらためて注目し、そこから学びたい。

痛みから始まる平和論

この章の執筆のために、小池の文章をまとめて読んでみると、「痛み」という言葉が頻繁に使われていることに気づいた。

＊55　小池喜孝『伝蔵と森蔵――自由民権とアイヌ連帯の記録』（現代史出版会、一九七六年）二六四頁。

＊56　オホーツク民衆史講座編・前掲（＊23）一一三頁。

＊57　オホーツク民衆史講座編・前掲（＊23）一一〇頁。

民衆史運動は、民衆の持つ加害や差別の痛みを出発点とする。*58

小池は『鎖塚』の最終章「鎖を断つ」で、それまでの強制労働の掘りおこしの記述から一見それる記憶を語っている。小池がかつて小学校教師の頃受け持った、金という朝鮮人児童が急に級長になぐりかかった。小池は金の言い分を聞くことなく、彼の頬を右手で力まかせになぐった。戦後、小池は朝鮮人が置かれた社会的な状況を認識し、金が差別に抗して喧嘩したのかもしれないと思い、有無をいわさず殴った己を恥じた。「私はその右手に、痛みを感じた」*59。

これは他者とのあいだで感じ取られる痛みである*60。他者の痛みへの共感であるとともに、もしこの痛みの感覚が働いていたなら、あの植民地支配も、強制労働も、差別も、戦争も起こらなかったかもしれない――このような自分の側の痛みでもある。また、犠牲になった他者を「悼む」という感性でもある。

他者の痛みに共苦すること。このとき他者の生は「他人事」ではなくなる。そして他者に痛みを強い、自分の良心の痛みを抑圧してきた構造に気づく道が開ける。この痛みから心のそして社会の変革が始まる。

オホーツク民衆史講座は、他者との出会い方、関係の結び方の点がユニークである。他者をたんなる情報提供者として扱うのではなく、自らの枠組みを揺さぶる存在としてその他者と出会う。他者との出会いの中で互いの関係性が変化していく。このように民衆史運動は、他者へと開かれた場をつくっていった。それは汲めども尽きぬほどの、経験の集積であり、私たちに残された豊かな「平和資源（平和をつくる働きをするもの）」である*61。ウィルタのゲンダーヌの語りが学生たちに衝撃

＊58　オホーツク民衆史講座編・前掲（＊13）一六二頁。

＊59　小池・前掲（＊2）二四九頁。

＊60　長崎の被爆者・下出作江さんは「平和とは人の痛みがわかる心をもつことです」と述べる。私はこれをもっともシンプルで本質的な平和の定義だと思う。他者の痛みへの感性とは、英語ではコンパッション（高橋哲哉ほか『〈コンパッション（共感共苦）〉は可能か？』影書房、二〇〇二年を参照）であり、仏教語では慈悲である。

＊61　民衆史運動の多彩な出版物も、関係の中で作成され、関係をつなぎ、出版されてからも関係をつくり続ける平和資源と言える。

を与え、学生たちの支援がゲンダーヌを変えていった。和人による差別の中でアイヌであることを卑下していたアイヌ女性が、「自らの国の民族衣装を誇りたかくまとい、声たかだかと自国の言葉で語り、そして唄い踊っている」朝鮮の人たちを目の当たりにして、「民族の誇り」を取り戻そうと自身に誓った。[*62]「鎖塚探訪旅行」で囚人労働の現場跡に直面した主婦は、「北見の空は本当に青いのか」と問い直さざるをえなくなった。[*63]

ここから歴史観の転換がもたらされる。「火つけ・強盗」呼ばわりされた、秩父事件指導者は「民主主義の先駆者」として復権した。「無知蒙昧の土人」などと決めつけられたアイヌやウィルタは、優れた文化をもつ先住民族であると認識された。「暴戻の悪徒」として労働に駆り立てられた囚人は、地元住民の手で「開拓の功労者」として顕彰された。[*64]

他者の痛みを感じ取れること。他者に痛みを与えることに痛みを覚えられること。こうした痛覚の有無で平和論は大きく変わる。「国内における底辺民衆の人権や痛みが見えない人が説く平和論は、いつか侵略論に変わるのではないかという、おそれをいだいています」[*65]。このように小池はその最後の著作を締めくくっている。それは痛みから始まる平和論であり、民衆史運動はその実践だったと言えるだろう。

＊62　高橋三枝子『北海道の女たち』（北海道女性史研究会、一九七六年）一八頁。

＊63　オホーツク民衆史講座編・前掲（＊13）三三頁。

＊64　オホーツク民衆史講座編・前掲（＊13）一五三―一五四頁。

＊65　小池・前掲（＊21）一八四頁。

6　民衆史運動を現在に活かすために

ふだん使っている道路がどうやって作られたのか。民衆史掘りおこしの中ではこの問いが浮び上がってきた。では、ふだん使っている電気がどうやって作られるのか。3・11東日本大震災以後の私たちにとって、とりわけ重要なのはこの問いではないか。

民衆史運動は、今起こっていることに対する、歴史的に奥行きのある視点を与えてくれる。民衆史運動が掘りおこした歴史はけっして過去のものではなく、現在にも続き、同じような問題を生み出しているかもしれない。過去と現在をつなげ、そこに共通の構造を把握する力、そしてその構造を変えていく力が、民衆史運動を現在において活かすためには必要である。ここでは電気に関して問題を提起したい。

かつて国策として進められた足尾銅山開発によって、甚大な環境破壊が引き起こされ、廃村にされた谷中村の住民は北海道佐呂間町栃木地区への移住を強いられた。そのほぼ一〇〇年後、東日本大震災にともなって発生した福島第一原発事故による環境汚染と地域社会の破壊の規模は、足尾鉱毒事件を上回るほどである。熊本県における水俣病と比較することもできよう。原発建設もやはり「国策」として進められたものである。この現状をみると、これまでの一〇〇年で何が変わったのかと疑問に思わざるをえない。

小池喜孝は最後の著書『北海道の夜明け』（国土社、一九八二年）の最終節に「現代のタコ部屋」という見出しを付けている。そこで挙げられているのが原子力発電所の下請け労働である。原発の定期検査や事故処理に従事する労働者の状況を明らかにしたルポルタージュからは[*66]、都市と地方の経済格差、下請けの形態、労働の危険性などの点で、かつての「タコ部屋」と共通性のある原発労働者の問題が浮かび上がってくる。ウランがどこで、いかに採掘されているのかも意識的にならなくてはいけない[*67]。さらに上述の放射線による多数の避難民の発生。民衆史運動が掘りおこしたのと同じような問題が、現在も繰り返して発生しているのではないか。下請け労働者の被害を生み出さ

＊66　樋口健二『闇に消される原発被曝者〔増補新版〕』（八月書館、二〇一一年）。

＊67　上村は前掲書（＊21）第六章で、原爆・原発に用いられるウランの多くが、北米・アフリカ・オーストラリアなどの先住民族の居住地で採掘され、その際に放射線汚染をひき起こしていると指摘している。

ない社会とはいかなるものか。足尾―水俣―福島を繰り返さなくてよい文明をいかにつくっていくか。痛みの感性を取り戻して、それぞれが生きる現場で平和力を発揮することが私たちには求められている。民衆史運動の課題は、まさにアクチュアルな課題である。

●参考文献・映画

小池喜孝『鎖塚――自由民権と囚人労働の記録』現代史資料センター出版会、一九七三年
道端に立つ「鎖塚」の向こうにどんな歴史があるのか。まるで推理小説のように面白く読める。

田中了、D・ゲンダーヌ『ゲンダーヌ――ある北方少数民族のドラマ』現代史出版会、一九七八年
あるウィルタ人と日本人とが交流を通して共に変わっていく。その稀有の記録。

山本多助『イタク　カシカムイ（言葉の霊）――アイヌ語の世界』北海道大学出版会、一九九一年
民衆史運動を支えた山本エカシの著書。「言葉が平和をつくる」という思いに貫かれている。

神山征二郎監督、映画「草の乱」映画「草の乱」製作委員会、二〇〇四年
明治の民衆蜂起「秩父事件」を描く。井上伝蔵が主人公で、北見（野付牛）のシーンから始まる。

池田博穂監督、映画「赤貧洗うがごとき――田中正造と野に叫ぶ人々」共同企画ヴォーロ、二〇〇六年
フクシマ後にわかに現代的意義をもつようになってしまった、足尾鉱毒事件と田中正造の映像記録。谷中村民が移民させられた佐呂間町栃木地区も登場する。

●コラム3●心を掘る——札幌郷土を掘る会の活動

阿知良洋平

私が二〇〇八年から参加している札幌郷土を掘る会は（以下、掘る会）、一九八二年に札幌の教員四名で結成された。藻岩発電所（札幌市南区）などのタコ部屋労働による工事の労働実態を、体験者や地域の古老に対する聴き取りや文献資料によって調査し、その悲惨さとそれをもたらさざるをえない六五％の中間搾取をひきおこした下請構造を明らかにしていった。掘る会は、「北電藻岩発電所工事犠牲者の碑」を建設し、そうした構造を生み出した責任者を、「北海水力電気株式会社（現北海道電力の前身の一つ）が発注元となり、鹿島組（現鹿島建設）と伊藤組が元請、およそ四十の組が下請となって建設されました」（碑文より）と指摘した。

タコ部屋労働とは、一八九六年に廃止された囚人労働を補うために、表向きには自由な契約のもと、実際には監禁状態で工事現場に従事させる飯場の一形態である。監禁は前借があるからであり、また工事期限が厳しく棒頭と呼ばれる現場監督者によって暴力的な監督が行われ、生き埋めやリンチが発生した。棒頭も平タコ（一番下の身分）から昇進したにもかかわらず、リンチをする。こうしないと棒頭自身の身も危ない仕組みが作られていた。こうした飯場の秩序の維持が大企業の利益に貢献していたといえる。

一九三四年から一九三六年にリンチ（一九三六年七月中ノ沢地区）も伴いながらつくられた藻岩発電所の電気は、一九三六年一〇月の北大陸軍大演習の際、悪天候による元村変電所・雁来発電所からの供給ストップを救った（札幌郷土を掘る会発行『さっぽろのタコ部屋』二〇〇九年）。こうした演習の積み重ねの先に、アジアの人々に対する虐殺や日本人の被害があった。タコ部屋労働の調査からわかったことは、タコ部屋労働者の労働力が客観的にはアジア・太平洋戦争の推進に使われていた事実、そしてそのタコ部屋労働を存続させるのに重要な役割を果たした地域住民の黙認・人権意識の低さがある。

掘る会では、メンバー自身のなかにあったタコ部屋労働者に対する偏見（怠け者）も捉え返していく。私（二五歳）の世代は、直接タコ部屋労働者に対する偏見はない。しかし、不安定雇用で困難にぶつかっている若者を自己責任だと思った経験をもっている人はいるのではないだろうか。その黙認がそうした労働形態を支えている有力な力であることを民衆史運動は教えている。そしてこうした厳しい労働条件で生み出された利益が戦争につながっている可能性をタコ部屋労働の歴史は問うている。

私たちの労働は、戦争に加担していないだろうか？　掘る会では、人間らしく働くことを可能にする「勤労権」の制度化をテーマに、民衆史講座を開催した。学生の私も、出来る限り消費の場面では戦争に加担しない生産者のもとにお金が行くように考えて行動するようになった。掘る会の若手を中心に別組織として行っている「原発下請労働学習会」では、武器産業につながる大企業と関連の深い原発に頼らない労働・生産をめざしている祝島のびわ茶を飲みながら議論している。一人ひとりが行動に示す小さな変化が、戦争を選択しない意思表示になると思っている。

Ⅱ部

アイヌモシリと人権・平和

第5章　憲法から見る北海道

清水　雅彦

1　はじめに

憲法は国家権力制限規範であり、私人間には直接適用されないが、国家の基本法として国の法律や自治体の条例、国家・自治体の行政行為を規律する。であるならば、憲法の基本原理である基本的人権の尊重や平和主義の理念が、私たちの生活の中においても隅々にまで行き渡り、その理念の実現が求められる。そのような観点から北海道の状況を見ると、どうであろうか。いまだにアイヌ民族に対する差別が完全になくならず、北海道全体の人口減による過疎化・札幌への人口集中は国内全体との関係でも道内においても地域間格差を広げ、経済格差の影響は教育にも及んでいる。北海道において、憲法が保障するどのような権利・自由が十分に保障されていないのか、どうしたらよいのであろうか。

また、米ソ冷戦下の「ソ連脅威論」によって北海道に自衛隊が大量に配備されることで、自衛隊をめぐる訴訟が行われてきた。その米ソ冷戦が終わると、今度は「中国脅威論」や「『北朝鮮』脅威論」が叫ばれている。「中国脅威論」が中央や国全体で高まるが、北海道はその中国の人々に愛され、多くの観光客が訪れる。とするならば、北海道にとって中国との向き合い方はまた違った形になるのではないか。

そこで本稿では、憲法の中でもとくに人権と平和主義の観点から北海道を見てみたい。

2　憲法の基本原理

憲法の基本的人権

まず最初に本論に入る前に、最低限の憲法理論について確認をしておきたい。憲法は市民革命後に登場した国家権力制限規範であり、大きく二つに分けて人権規定と統治規定とから構成される。人権規定は、大きく自由権・社会権・参政権に分けられる。「国家からの自由」ともいわれる自由権は、さらに人身の自由・経済的自由・精神的自由に分けられる。日本国憲法では、一八条の奴隷的拘束及び苦役からの自由と三一条から四〇条までの刑事手続に関する規定が人身の自由規定であり、二二条の居住・移転の自由並びに職業選択の自由と二九条の財産権が経済的自由規定であり、一九条の思想・良心の自由、二〇条の信教の自由、二一条の表現の自由、二三条の学問の自由が精神的自由規定である。

これに対して「国家による自由」ともいわれる社会権は、日本国憲法では二五条の生存権、二六条の教育を受ける権利、二七条・二八条の労働基本権など労働者の権利から成る。

憲法の平和主義

憲法の統治規定の中の原理で、他国と比べ独特なのが平和主義である。日本国憲法の平和主義は、先の戦争の反省から規定されたものであり、前文で平和主義に関する基本原則を示し、九条で平和に向けての目的と手段を示している。

(1)九条：消極的平和主義　憲法九条は、一項で、国際平和のために日本は戦争を放棄するという目的を掲げ、二項で、一項の目的を達する手段として軍隊の放棄を明示している。この九条一項の戦争の放棄に関して、学説では九条は侵略戦争を放棄したと解釈する限定放棄説と、自衛戦争を含む一切の戦争を放棄したと考える全面放棄説とに分かれる。また、二項の戦力の不保持については、自衛のための戦力の保持は許されるとする解釈と、自衛のための戦力の保持も許されないとする解釈に分かれる（なお、政府解釈は独特であり、条文にある「戦力」を「自衛のための必要最小限度の実力を越えるもの」ととらえ、自衛隊合憲論を引き出す）。

一項解釈は放棄した戦争のとらえ方に違いがあるが、「戦争をしない」という消極的な状態としての「平和」をめざす点で共通性があり、この平和主義を「消極的平和主義」と表現することができる。

(2)前文：積極的平和主義　憲法の平和主義は九条だけではなく、前文にもある。前文二段で、「専制と隷従、圧迫と偏狭を地上から永遠に除去しようと努めてゐる国際社会において、名誉ある地位を占めたいと思ふ」「全世界の国民が、ひとしく恐怖と欠乏から免かれ、平和のうちに生存する権利を有することを確認する」とし、「全世界の国民」に「平和のうちに生存する権利」（平和的生存権）を保障した。平和の問題を多数決原理に基づいて政治部門で決定される「政策」ではなく、多数決でも奪えない「権利」としたことは画期的である。[*1]
　そして、この前文二段の平和主義は、九条の平和主義がたんに暴力（戦争）のない状態をめざす「消極的平和主義」であるのに対して、「構造的暴力」（国内外の社会構造による貧困・飢餓・抑圧・疎外・差別などが存在する状態）のない状態をめざす、つまり「平和をつくる」という「積極的平和主義」と表現できる。とすれば、政府には「一国平和主義」や特定の軍事同盟化の道ではなく、世界の南北問題の解消をも視野に入れた非軍事的な「国際貢献」が求められるのである。[*2]

3　北海道と人権

北海道における人口減

北海道における人権問題としては、伝統的にアイヌ民族に対する差別問題があるが、これについては第1章・第2章・第7章に譲り、本稿では人口減にともなう人権問題について考察を行いたい。

(1) 赤字ローカル線の廃止

日本でも一九五〇年代後半から六〇年代にかけて、石炭から石油へのエネルギー転換により、北海道では数多くの炭鉱の閉鎖をもたらし、石炭輸送と旅客輸送のために張り巡らされていた鉄道網の後退を招く。さらに、国鉄の赤字問題が大きくなるなかで、北海道では一九八七年の国鉄分割民営化前の一九八〇年代に一五路線計七六七・七キロが廃止され、JR移行後には一一路線計七五六・八キロが廃止され、一九八〇年代から現在までに計二六路線一五二四・五キロもの路線が廃止されている。

　そして、この間の国鉄分割民営化は、赤字ローカル線の廃止にともなう「余剰」職員の発生と広

＊1　私自身の平和的生存権論については、拙稿「憲法前文の平和主義にも注目しよう――平和的生存権の学説と判例」笹本潤・前田朗編著『平和への権利を世界に――国連宣言実現の動向と運動』（かもがわ出版、二〇一一年）四八頁以下。

＊2　私自身の積極的平和主義に基づく「国際貢献」論については、拙稿「国際社会と国家財政」日本財政法学会編『財政法講座1　財政法の基本課題』（勁草書房、二〇〇五年）三二九頁以下。

域移動、解雇にともなう転職や移転を引き起こす。たとえば、かつては国鉄・JRの存在で繁栄した音威子府村、名寄市、追分町（現安平町）、長万部町などは、路線廃止により大きく人口減に転じる。[*3]

(2)道全体の人口減

このような北海道における炭鉱の閉鎖と国鉄ローカル線の廃止により、この間、極端な人口移動が起きている。北海道全体の人口は一九九八年が最多の五六九・三万人で、この時の札幌市の人口が一八〇・五万人であったが、二〇一〇年には北海道が五五〇・七万人へと減らしているのに対して、札幌市が一九一・四万人へと増やしている。北海道の人口減は日本全体の人口減より早く生じた現象であるが、全道一七九市町村の九割以上で人口を減らす一方、生活のしやすい札幌市が道内人口の三四・八％も占めるような人口の一極集中現象が加速しているのである。[*4]

北海道における権利の実態

このような人口動態が進むなかで、起きている権利問題は以下のようなものがある。

(1)生存権　憲法は二五条で「健康で文化的な最低限度の生活を営む権利」を保障するが、「最低限度」さえクリアすればいいというものではなく、日本のどこに住んでいてもある程度の文化的な生活を保障されるべきである。たとえば、映画であるが、北海道でも都市部でないと映画館はないし、札幌でさえ東京で上映される映画の約半分しか上映されず、上映されてもミニシアター系映画は上映時期が東京より数ヶ月も遅れる場合がある。そして、札幌圏から離れれば離れるほど映画へのアクセスも困難になる。

とはいえ、映画はまだＤＶＤや衛星放送などで見ることもできる。しかし、ネットや出版物ではなく、直接自分の目で見ないと意味のない美術展などの展覧会は、規模の大きいものだと東京に

＊3　拙稿「国公有地売却・公社民営化の憲法政治的考察」日本財政法学会編『財政法叢書26　国公有財産の管理』（全国会計職員協会、二〇一〇年）一八頁以下。

＊4　朝日新聞二〇一一年二月一五日朝刊北海道面。

限られ、同規模の展覧会を北海道内で開催するのは難しい。たしかに、ネットの普及で地理的な距離が縮まったとはいえ、ネットは万能ではない。明らかに、とくに東京などの都市部と地方との文化格差がある。[*5]

一定の年齢になれば、自分の居住地は自分で決められるとはいえ、親を選んで生まれることができない子どもは、親の居住地によって一定の年齢に達するまで文化の享受の程度に差が生じてくるのである。結局、映画上映や展覧会開催なども、資本主義国家・日本においては採算が取れないと難しい。さらに、昨今の構造改革は地域間格差も助長した。どんな過疎地でも東京と同じ映画を上映し、展覧会を開催すべきであるとまでは言わないが、国が文化面への助成にもっと力を入れ、地方の人々にもっと文化へのアクセスを保障しなければ、北海道のような他の都府県と比べてあまりに広大で、場所によっては札幌のような都市部と道内自治体との距離がありすぎる地方の住民は、十分な文化を享受できない。

(2) 教育を受ける権利　憲法二六条は教育を受ける権利を保障する。日本全体でも大学などの高等教育機関への進学は、学費の高騰と奨学金の貧困さのため、低所得家庭の子どもには酷になりつつある。

そういう状況は北海道でも見られ、道内の大学等進学率は全国平均より一〇％以上も低いままである。[*6] 進学率の低さは、学費負担の困難さもあるが、北海道では大学も札幌など都市部に集中しているため、道内各地からの進学希望者は必然的に札幌を中心とする道内都市部に出ていくことになり、全国平均と比べて所得の低い北海道の保護者にとっては学生の生活費の捻出にも負担がかかってくる。その結果、ここでも親を選んで生まれることができない北海道の子どもたちが、北海道で

＊5　たとえば、二〇一一年に東京だけで開催された展覧会は、「岡本太郎展」（東京国立近代美術館）、「写楽展」（東京国立博物館）、「五百羅漢展」（江戸東京博物館）、「大英博物館古代ギリシャ展」（国立西洋美術館）など。

＊6　二〇一一年は、全国平均五四・四％に対して、北海道は四〇・四％。毎年のデータは、文部科学省「学校基本調査」（http://www.mext.go.jp/b_menu/

生まれたことにより教育を受ける権利を十分に享受できないこともあるという地域差が生じているのである。

(3)交通権 先に道内ローカル線の廃止問題に触れたが、これに関連して「新しい権利」としての「国民の交通する権利（交通権）」の問題も出てくる。交通権の根拠は、憲法二二条（居住・移転の自由）を基本とし、二五条（生存権）および一三条（幸福追求権）を統合した「新しい権利」として構成される。そして、権利内容は、「国民が自己の意思に従って自由に移動し、生活財貨を移動させるための適切な移動手段の保障を享受する権利」と定義され、これにより交通手段の保障と交通条件（方法）の保障（「誰でも、いつでも、どこへでも安全で低廉に、かつ便利、快適、正確に移動でき、かつ自由に貨物を送り受け取ることができる」）が求められる。[*7]

しかし、交通移動の便利な東京など大都市部と比べて、広大な北海道における貧困な鉄道網のなかで、とくに交通弱者である小中高校生や高齢者にとっては、バス・タクシー・自家用車等使用による高負担や選択肢の少なさによる利便性の欠如の影響をもろに受けてしまう。そして、このことが道内でも生活のしやすい札幌市に人口が集中する要因にもなっているのである。[*8]

4 北海道と平和

民主党政権後の防衛政策

(1)政権交代後も変わらぬ姿勢 北海道旭川市内に北鎮記念館（写真参照）という施設がある。無料で入場できる二階建ての建物内には、屯田兵や旧陸軍第七師団から現在の陸上自衛隊第二師団に

toukei/chousa01/kihon/1267995.htm）参照。

＊7 岡崎勝彦「鉄道利用者の原告適格について——交通権論の構築」神長勲・紙野健二・市橋克哉編『公共性の法構造 室井力先生古希記念論文集』（勁草書房、二〇〇四年）二〇六頁以下。

＊8 前掲（＊4）。ここでは、「高齢者や若年層が都市部へ集中する傾向が見られる」という札幌市の見解を伝えている。

▲北鎮記念館外観（2011年1月、筆者撮影）

いたるまでの各種資料が展示されている。戦前の資料も大量にあり、この展示内容を見れば、政府が軍隊ではないと解釈する自衛隊と戦前の日本軍との連続性がよくわかるし、先の戦争を反省しているという視点も感じられない。このような展示内容の北鎮記念館は陸上自衛隊旭川駐屯地敷地内にあり、管理・運営は陸上自衛隊第二師団司令部が行っているのである（そのため、受付には制服自衛官がいる。ちなみに、北鎮記念館の目の前には北海道護国神社があり、自衛隊と護国神社との距離の近さもよくわかる）。

北鎮記念館は、自民党政権時代から存在する施設であるが、民主党政権に代わったところで、記念館の展示内容が変わるというものでもない。そもそも防衛政策自体が、政権交代によって軍縮・平和路線に大きく変わったわけではないからである。

⑵民主党の防衛政策　二〇〇九年九月に誕生した民主党・鳩山政権と異なり、二〇一〇年六月に誕生した菅政権および二〇一一年九月に誕生した野田政権は、官僚に対する姿勢や財政政策だけでなく、対米政策や防衛政策の面でも自民党政権と変わらない、あるいはそれ以上に問題のある政策が目に付く。

たとえば、二〇一〇年八月に、菅首相の私的諮問機関である「新たな時代の安全保障と防衛力に関する懇談会」（「新安保防衛懇」）が首相に報告書を提出した。[*9] この中で、安倍政権時の集団的自衛権行使容認論だけでなく、自民党政権時の特定の脅威を想定せず、全国均等に部隊配置を行う「基

＊9　首相官邸ホームページ（http://www.kantei.go.jp/jp/singi/shin-ampobouei2010/houkokusyo.pdf）に掲載。

盤的防衛力」論を否定し、「動的抑止力」論なるものを打ち出す。

さらに、二〇一〇年九月には、民主党政権になって初の「防衛白書」（『平成22年版　日本の防衛――防衛白書』[*10]）を刊行した。この中で、以前、民主党が延長に反対していたインド洋上での米艦船などへの補給活動や自衛隊のイラク派兵、海賊対処、在沖米軍を評価し、従来の自民党の防衛政策に民主党がすり寄るだけでなく、さらに発展させる傾向が見られるのである。実際に、二〇一一年六月にソマリア沖海賊対処のためにジブチに基地を開設し、同年一二月に武器輸出三原則の緩和を決めた。

そして、二〇一〇年一二月、民主党政権では初となる、そして六年ぶりとなる防衛大綱（『平成二三年度以降に係わる防衛計画の大綱」＝「新防衛大綱」）と「中期防衛力整備計画」（「中期防」）を閣議決定した[*11]。ここでは、新安保防衛懇報告書を受けて、「北朝鮮」の軍事的動向を「重大な不安定要因」、中国の軍事的動向を「懸念事項」とし、従来の「基盤的防衛力構想」を「動的防衛力」に転換するとした。また、新防衛大綱では、「島嶼部における対応能力強

▲上下ともに、北鎮記念館内部展示（2011年1月、筆者撮影）

＊10　防衛庁編『平成22年版　日本の防衛――防衛白書』（ぎょうせい、二〇一〇年）。

＊11　防衛省・自衛隊のホームページ（http://www.mod.go.jp/j/approach/agenda/guideline/2011/index.html）に掲載。

化」を打ち出し、中期防でも中国・「北朝鮮」をにらんでの具体的な「南西地域の島嶼部」の防衛力強化を掲げる。この結果、今後は北海道に配備されている陸上自衛隊の縮小が進みそうである。

北海道における平和訴訟

米ソ冷戦下、北海道は「ソ連脅威論」の下で大量に自衛隊が配備されることになる。そのような状況のなか、道内では一九六〇年代に恵庭事件と長沼訴訟が起きる。

(1)恵庭事件、長沼訴訟　まず、恵庭事件は、一九六二年一二月に恵庭町の陸上自衛隊島松演習場近くの牧場の酪農家兄弟が、紳士協定を無視して事前連絡なしに演習を行った自衛隊に抗議して、連絡用電話線を切断したことで自衛隊法一二一条[*12]違反で起訴された事件である。この刑事事件で、被告人兄弟はそもそも自衛隊と自衛隊法が違憲であると争ったが、一審判決（札幌地裁一九六七年三月二九日判決）は、本件電話線は「その他の防衛の用に供する物」にはあたらないとし、憲法判断を回避して無罪判決を出した。これに対して検察側は、敗訴にもかかわらず自衛隊違憲判決が出なかったことを喜び、控訴しなかった。

続いて、一九六九年七月に航空自衛隊のナイキ・ミサイル基地建設のために農林大臣が長沼町の保安林の指定解除処分を行ったことに対して、このような処分は違憲違法であると地元住民が行政訴訟を起こした。このいわゆる長沼訴訟で、一審判決（札幌地裁一九七三年九月七日判決）は、「平和的生存権が、全世界の国民に共通する基本的人権そのものである」とし、「自衛隊は明らかに……軍隊であり、それゆえに陸、海、空各自衛隊は、憲法第九条第二項によってその保持を禁ぜられている『陸海空軍』という『戦力』に該当する」と自衛隊違憲判決まで出し、保安林の指定解除処分

＊12　「自衛隊の所有し、又は使用する武器、弾薬、航空機その他の防衛の用に供する物を損壊し、又は傷害した者は、五年以下の懲役又は五万円以下の罰金に処する」。

を取り消す。

しかし、この長沼訴訟は、代替施設の完成により地元住民の訴えの利益がなくなったとして、控訴審判決（札幌高裁一九七六年八月五日判決）も上告審判決（最高裁一九八二年九月九日判決）も、自衛隊が違憲であるのか合憲であるのかに触れず、住民の訴えを退けた。

(2)箕輪訴訟　その後も全国各地で基地をめぐる訴訟が行われてきたが、一九九〇年代以降になると、特定の基地周辺住民による訴訟ではなく、広範な市民による新たなタイプの訴訟が出てくる。具体的には、一九九一年の「湾岸戦争」勃発後の政府による「多国籍軍」への戦費支出や「ペルシャ湾」への掃海艇派兵の違憲性を問う市民平和訴訟や、一九九二年の「ＰＫＯ法」制定後の自衛隊のカンボジア派兵の違憲性を問うカンボジアＰＫＯ違憲訴訟、一九九六年のゴラン高原への自衛隊派兵の違憲性を問うゴラン高原ＰＫＦ違憲訴訟、二〇〇一年の「アフガン戦争」後の「テロ対策特別措置法」による自衛隊のインド洋等派兵の違憲性を問うテロ特措法違憲訴訟である。

さらに、二〇〇三年の「イラク戦争」後、「イラク特別措置法」による自衛隊のイラク派兵の違憲性を問う自衛隊イラク派兵差止訴訟が提起される。全国各地での訴訟の先陣を切ったのが、陸上自衛隊では真っ先に派遣された第二師団（旭川）のある北海道の訴訟で、二〇〇四年一月に札幌で元自民党代議士で元防衛政務次官の箕輪登氏が起こした箕輪訴訟（自衛隊イラク派兵差止北海道訴訟）である。箕輪訴訟自体は一審判決（札幌地裁二〇〇七年一一月一九日判決）で原告敗訴となり、二〇〇六年に箕輪氏自身が死去したこともあり、原告側が控訴を取り下げ、訴訟は終結した。

しかし、名古屋で行われていた自衛隊イラク派兵差止訴訟控訴審判決（名古屋高裁二〇〇八年四月一七日判決）では、裁判所は平和的生存権の具体的権利性を認め、イラクでの航空自衛隊の活動を憲法九条違反とした。また、岡山で行われていた自衛隊イラク派兵差止訴訟一審判決（岡山地裁二〇〇九年二月二四日判決）では、平和的生存権についてはその法規範性と裁判規範性をより積極的に承認し、平和的生存権を「徴兵拒絶権、良心的兵役拒絶権、軍需労働拒絶権等の自由権的基本権」とより具体的に検討する判決を出す。このように、箕輪氏の意志は他の訴訟に引き継がれ、判決によっては成果も出しているのである。[*13]

*13　本節で触れた九条をめぐる裁判の意義については、新井章・浦田賢治・川口創・清水雅彦「座談会　9条裁判——法廷における恒久平和主義」ほか『特集　9条裁判——法廷における恒久平和主義』法と民主主義三九七号（二〇〇五年）二頁以下。

5　輝く北海道の独自性

北海道と日本

二〇一一年三月一一日の東日本大震災は、地震と津波、福島原子力発電所（原発）の事故により多大な被害を出した。震災後の東北・関東地方では物流が止まり、食料や物資が不足し、関東地方では電力不足により計画停電も実施される。この福島原発の事故は全国各地の原発にも影響を与え、二〇一一年の夏以降も沖縄と北海道を除く全国で節電が求められる事態になった。

今回の大震災後、北海道では東北・関東地方ほどの物資不足や節電などの影響は出ていない。もちろん、北海道もこれまで十勝沖地震、北海道東方沖地震、釧路沖地震、北海道南西沖地震など、いくつもの大地震が発生している。しかし、北海道の食糧自給率（カロリーベース）は日本の全国平均約四〇％、東京の約一％に対して約二〇〇％もあり、[*14]よほど大きな物流の寸断がない限り、危機的状況においても自給可能である。

また、北海道も泊原発を抱えているが、以前から風力発電の導入が進んでいる。二〇一一年三月

*14　農林水産省のホームページ（http://www.maff.go.jp/）参照。

末現在のデータによると、全国では一八一四基約二四四万キロワットの風力発電があるなかで、北海道は基数で全国一の二六七基、設備容量では青森県に次ぐ約二六万キロワットの風力発電がある。[*15] 広大な大地と豊かな自然に恵まれた北海道では、まだまだ水力・風力・地熱などを利用した再生可能エネルギーの確保は可能であるし、雪を用いた夏の冷房ももっと求められてよい。そして、沖縄についで原発のない地方をめざすべきである。

たしかに、北海道全体では人口減が続くが、他国と比べれば、北海道は必ずしも「過疎地」とはいえない。たとえば、経済面でも社会福祉面でも成功している北欧諸国であるが、日本の約一・三倍の面積があるスウェーデンの人口は約九三八万人、日本とほぼ同じ面積があるノルウェーは約四八八万人、約〇・九倍のフィンランドは約五三六万人であり、これらの国と比べると人口約五五〇万人の北海道はかなり人口密度が高いことになる。たしかに、北海道の状況は厳しいとはいえ、一方で「北海道は過疎地だから」と悲観する必要はない。ある程度、国からの支援は必要であるが、日本の中で独自性も追求できる位置にあるのが北海道なのである。

＊15　独立行政法人新エネルギー・産業技術総合開発機構のホームページ(http://www.nedo.go.jp/)参照。

北海道と世界

次に北海道と世界との関係であるが、北海道は近隣のアジア諸国から注目されている。日本政府観光局によれば、二〇一〇年に日本を観光や仕事で訪れた外国人は前年比二七％増の八六一万人で、過去最高だった。国・地域別では、韓国が前年比五四％増の二四四万人、中国が四一％増の一四一万人（前年三位から二位に）、台湾が二四％増の一二七万人で、米国（七三万人）、香港（五　万人）と続く。各空港などでの訪問先サンプル調査では、北海道が都道府県別で八位（八・八％）となっている。[16]また、旅行情報サイトを展開するトラベルズー・ジャパンが、日本に興味・関心をもつ中国人に対するアンケート調査を実施したところ、日本で訪れたい場所は北海道が一位（七一％）で、二位の富士山（三七％）、三位の東京（三五％）を大きく引き離している。[17]

これら二つの記事では、道東を舞台にした中国映画[18]の効果に触れているが、中国でのこの映画のヒット後、道東で中国人観光客が増えているという。これ以前からも、ニセコや富良野・美瑛などでは、中国・台湾・香港・韓国からの観光客が非常に多い。しかし、先の記事でも触れているように、二〇一〇年九月に発生した尖閣諸島沖での中国漁船衝突事件後は、中国・香港からの入国者数が急減したというし、二〇一一年は東日本大震災と福島原発事故後にさらに外国人全体の入国者数が減ってしまった。後者の震災の影響はやむをえない部分もあるが、政治・外交問題に敏感であることは忘れてはならない。

そのようななか、自衛隊は中国を脅威国と考えるが、二〇一一年の「さっぽろ雪まつり」雪像の中には、陸上自衛隊製作の中国の紫禁城や万里の長城、北京の天壇公園にある祈年殿があり、「今、北海道観光を大きく後押ししている中国などのアジアからの観光客への歓迎の意味を込めて」[19]製作したという（自衛隊製作ではないが、韓国の大田広域市市街の氷像もあった）。北海道においては、自衛隊は中国に対して非友好的な対応をとれないのである。

元防衛大学校教授の孫崎享でさえ、尖閣諸島などにおける米軍の抑止力と単純な中国脅威論を否定し[20]、軍事ジャーナリストの田岡俊次は、米中・日中の経済的相互関係を無視した、軍事常識の乏しい人々による非合理な議論を「タカ派」ならぬ「バカ派」と表現している。[21]「ソ連脅威論」の真偽の程を間近で検証できた道民こそ、「ソ連脅威論」後の「中国脅威論」の欺瞞性を見抜けるはず

＊16　以上、北海道新聞二〇一一年一月二六日夕刊。

＊17　北海道新聞二〇一一年一月二四日朝刊。

＊18　二〇〇九年の中国映画『非誠勿擾』で、邦題は『狙った恋の落とし方。』。中国では、劇場とＤＶＤとで約一億人もの人が見たという（内海達志『狙った恋の落とし方。』くま文庫、二〇一〇年）。

＊19　さっぽろ雪まつり実行委員会編『さっぽろ雪まつり公式ガイド』（二〇一一年）一一頁。

＊20　孫崎享『日本人のための戦略的思考入門』（祥伝社新書、二〇一〇年）。

＊21　田岡俊次『北朝鮮・中国はどれだけ恐いか』（朝日新書、二〇〇七年）。

である。政府や国内全体で近隣諸国の脅威論が高まり、きな臭さが増す時こそ、アジアの国々に愛されている北海道から、日本とアジアとの共存を発信していくべきではないだろうか。

●参考文献・映画

太田一男・鳥居喜代和編『北海道と憲法――地域から地球へ』法律文化社、二〇〇〇年

北海道におけるさまざまな憲法問題を題材に、北海道と憲法との問題を地域レベルから地球レベルまで考える憲法の入門書。

福島重雄・大出良知・水島朝穂『長沼事件　平賀書簡――35年目の証言　自衛隊違憲判決と司法の危機』日本評論社、二〇〇九年

画期的な自衛隊違憲判決を一九七三年に出した北海道・長沼訴訟で、裁判所所長が担当裁判官に圧力をかけた問題を中心に論じた本。

本久公洋『北海道の鉄道廃線跡』北海道新聞社、二〇一一年

北海道の廃線となった鉄道路線のうち、四三路線について詳細な過去と現在の数多くの写真を用いながら解説した本。

代島直彦『ミニシアター巡礼』大月書店、二〇一一年

閉館が相次ぐミニシアター界のなかで、札幌のシアターキノなど全国一二館の奮闘ぶりを描いた本。

熊切和嘉監督、映画『海炭市叙景』スローラーナー、二〇一〇年日本映画

函館出身の佐藤泰志原作小説を映画化したもので、過疎と不況で苦しむ地方都市（舞台は函館）のなかに希望を感じさせる映画。

●コラム4●労働組合と平和と人権

佐々木かおり

二〇一一年二月、私たちは韓国忠南地域労組の活動家の案内で忠清南道天安市にある韓国独立記念館に足を運んだ。かつて、日本が朝鮮国土を占領目的で日清戦争・日露戦争を勃発させ、朝鮮半島を植民地支配し、民族の文化・歴史・精神抹殺のために、言論・集会・出版・皇国臣民誓詞の暗唱・神社参拝等を動員強制させ天皇制のもと、日中戦争・アジア太平洋戦争などの兵力にされたと展示されるものだった。

なかでも私が衝撃を受けたものは、日本が敗戦を迎えるまで、日本軍の戦争遂行目的に兵士の士気高揚と強姦防止を図るためにつくられた「慰安所」だった。慰安所に連行された女性たちは日本の名を付けられ、日本語強制と着物着用、避妊道具を渡され、多数の兵士から性奴隷を強いられた。なかには避妊道具を使わないため日本兵の子どもを妊娠した女性たちもいた。性の強制労働を拒絶した時には、人間の尊厳すら踏みにじるような、暴力行為による拷問。耳が聞こえなくなったもの、日本刀で身体を傷つけられたもの、日本軍が侵攻する危険な地域にも連行されたと証言する悲惨な傷跡の数々で、私の心は凍りつくような恐怖を感じた。

韓国忠南地域労組の活動家たちと日韓の地域労働運動の情報交換会を行った。労働組合の幹部は「日本の侵略戦争、植民地支配で朝鮮民族が南北に分断され、どれだけの多くの人が犠牲になったかを忘れないでいてほしい」と言われた。私はいまだ未解決の「慰安婦問題」を示す（シコリ）言葉と感じた。

一九九六年国連人権委員会ではラディカ・クマラスワミ「女性に対する暴力」特別報告者が「戦時における軍隊性奴隷制に関する日本軍慰安婦報告書」を発表、日本政府の法的責任、国家賠償と謝罪、歴史的事実を反映する教育、慰安所の募集、収容に関与した犯行者を責任処罰するなどを求める六項目が勧告されている。

日本政府は、これまで一九六五年に締結した日韓基本条約の付属協定で賠償問題は、すべて解決済と立場を主張する一方、一九九三年八月河野官房長官は旧日本軍「慰安婦」の関与と強制性を認め「おわびと反省」の意の談話を発表。一九九五年七月河野談話・村山談話をふまえ、民間募金団体「アジア女性基金」を設立し、国民に募金を呼びかけた。「償い金」は韓国・台湾・フィリピンを対象にアジア女性基金から支給したが、対象国によっては支給事業内容が違い、すべての被害者に「償い金」が届いたわけではない。そして、被害者の女性たちからは民間募金団体の「償い金」では、正式な国家賠償責任が不明確として受取拒否をしている。慰安婦問題は未解決のまま、アジア国民基金は二〇〇七年三月末に事業を解散し、再び元慰安婦の女たちは置き去りにされた。

二〇一一年一二月一四日韓国水曜デモが一〇〇〇回目を迎えた。この水曜デモは世界各地で行われ、ここ北海道でも行われた。大きく鳴り響く「謝罪・賠償」のシュプレヒコール。日中のデモにもかかわらず一五〇人が結集した。

戦後六六年間放置し続けた慰安婦問題。一人ひとりが戦後責任問題に目覚め、行動する時が来ているのだ。

第6章　女性自衛官人権裁判の意義

秀嶋ゆかり

1　女性自衛官と「北海道」

沖縄のみならず、「北海道」にも自衛隊の基地が点在する。今回の「3・11」東日本大震災後、津波被害から約五年で復興宣言に至ったことで注目されている奥尻島にも、航空自衛隊のレーダー基地があり、約二三〇名の自衛官が勤務しているとされる。

北海道における自衛隊の歴史については、越田論文（第2章）でも触れているので繰り返さない。基地の町沖縄と言われるが、北海道も自衛隊の駐屯地や演習場が随所にある。札幌市の真駒内、函館市内、旭川市内は、いずれも市街地である。

「防衛省・自衛隊」のホームページを見ると、女性自衛官の人数は、二〇〇九年度末時点で、一万一八一四名。全自衛官の五・二％とされる。北海道内にどれだけの人数がいるか正確なところは不明であるが、人権裁判の原告となったAさんが勤務していた場所には、女性隊員が彼女を含めて五名で、いずれも勤務場所の三階に居住していた。

北海道内の自衛官も、全国各地から任官し、勤務している。彼女もまた、道内出身者ではない。

2　女性自衛官と性差別

防衛省内のセクシュアルハラスメントに関する意識調査の結果

防衛省・自衛隊のＨＰ上に掲示された「防衛省におけるセクシュアル・ハラスメント防止に係る意識等調査」の結果の公表について（二〇〇八（平成二〇）年四月二一日公表）によれば、一九九八（平成一〇）年の調査と二〇〇七（平成一九）年の調査とを対比し、前回より今回のほうが、ハラスメント行為がパーセントとして減っているとの結果が導かれている。

たしかに、調査結果を見ると、全体としてのパーセンテージは減っている。とくに「性的関係の強要」は、前回一八・七％から今回三・四％に、「わざと触る」が前回五九・八％、今回二〇・三％、「性的なからかい・冗談等」が六四・四％から二三・九％に、と大幅に減っているように思われる。他方で、他人がセクハラを受けるのを見て不快に感じたという人が、今回の調査で、女性二五・四％（前回五五・八％）、男性九・九％（前回三一・七％）と少なくなっている。しかし、数は減っていても、数値的には、けっして少なくない。

また、誰がセクハラ行為と思われる行為を行ったか、について、直接の上司が二七・一％（前回二八・八％）、その他の上司が三七・七％（前回三八・五％）、同僚（達）が三〇・七％（前回三一・八％）である。セクハラ行為と思う行為を受けた際、最終的にとった対応については、「無視した」が二一％（前回二五％）、「軽く受け流した」が四一％（前回二九％）で、あわせると六〇％を超えており、また、上司等に報告した結果、その上司等が最終的にとった対応は何かとの設問に対する回答として、「行為者に注意」が二一％（前回四八％）、「我慢するよう説得された」が五％（前回二％）、「対応なし」一四％（前回一五％）と、改善されていないことがわかる。防衛省が行っている電話相談の実施についても、「知らない」と答えた自衛官は、男女問わず五〇％、相談員を活用したことがある女性は四％にとどまっている。

このような調査は、一〇年間行われていなかったものであるが、自衛官は任用制度があるため、有期期間で任期満了退官という場合もある。少なくとも、二年に一度程度の頻度で意識等調査を実施することが強く望まれる。

防衛省・自衛隊と男女差別

セクシュアルハラスメントだけでなく、防衛省・自衛隊内の男女差別の現状がどのようになっているかについて、佐藤文香現一橋大学大学院社会学研究科・社会学部准教授の『軍事組織とジェンダー――自衛隊の女性たち』（慶應義塾大学出版会、二〇〇四年）の中で、次のような指摘がなされている。

女性たちのこうした自発性をうまく利用して、組織は「女性に（特定の）仕事をさせる」ことで肉体的な女性の劣位を補わせ、効用の増大を図ろうとする。この特定の仕事の典型が「接遇」である。懇親会や公的な行事の際に、お茶くみなどの接待要因としてアサインされる、会食の手伝いとして声がかかるといった経験については多くの者が語っていた。……その結果、女性たちには、本来の自分の仕事が進まない、技術の習得が後れるといった弊害も出ている。（同書二四〇頁）

今回の事件も、自衛隊内部における男女格差と密接に結びついている。より端的に言えば、男女の性別役割分業は、セクシュアルハラスメントの温床のひとつである。

3　女性自衛官人権裁判とは

「事件」の概要

二〇〇六年九月八日の深夜、北海道の航空自衛隊通信基地に勤務していた女性自衛官Aさんは、男性上官のYに呼び出され、強かん未遂の被害に遭った。

Aさんが生活する官舎（居住施設）は、職場の上階にあり、職住一体という勤務環境であった。彼女の上官であるYは、ボイラー室当直勤務中に、複数の自衛官と飲酒した後、深夜、内務班に架電して、Aさんを呼び出し、ボイラー室内で加害行為に及んだ。

Aさんは、Yとは別の上官らに、彼女が受けた被害を訴えた。

しかし、上官らは、Aさんに対し、男性上官を付き添わせてしか婦人科を受診させないと述べた（「（上官）が一緒に診察室にも入るし、診断も聞いてもらう必要がある」と述べていたため、事件から二〇日経過して初めて婦人科を受診できた）。また、上官らは、男性上官だけでAさんの聴き取りを行い、被害内容を正確に把握することもしなかった。さらに、加害者への処分等も行わず（Yに対する処分がなされたのは、事件から約一年半経過した二〇〇九年二月二七日であり、他の処分理由も含めて停職六〇日の処分であった）、被害者と加害者とを接触させないなどの配慮も、適切に行わなかった。また、Aさんは、その後、外出禁止や行事参加の不許可等さまざまなハラスメントを受けた。

Aさんは、事件直後から二〇〇七年六月一一日までの約九か月間、加害者と同じ職場での勤務を強いられたばかりでなく、上官から、「(お前のほうが）加害者」「被害妄想」などと言われ、さらに、二〇〇七年二月には、複数の上官によって、「休み好きなだけやるから帰れ。帰って来たら、分かっているな」「退職だよ。退職。お前終了だよ」、さらに、「お前のハンコ持ってきたからな、押せよ。」などと言われ、「休暇中に考える事項の参考」と題する用紙や退職届用紙を渡され、それぞれ書くように迫られるなどの退職強要をされた。「休暇中に考える事項の参考」という用紙は、継続任用をするのと退職するのとのメリットデメリットを考えるよう求めるとともに、通信制大学や結婚、資格取得等の将来のこと、本事件のことをどのようにしていきたいのか、等を考えることを『勧奨』する内容となっていた。

現役自衛官としての訴訟提起

Aさんは、上官の上記一連の対応により、一時職場を辞めざるをえないところまで精神的に追いつめられたが、遠隔に住む家族や弁護士に相談し、ぎりぎりのところで二〇〇七年五月八日、札幌地方裁判所に損害賠償請求の裁判を起こした。この裁判は、女性自衛官が現役で裁判を起こしたこと、今まで公になりづらかった自衛官内部の性暴力被害が裁判の形で公になった等の点で、訴訟提起自体が、日本の裁判の歴史上も大きな一歩となった。

訴訟を起こしてから約二年近くの期間、Aさんは、現役自衛官として裁判をたたかった。二〇〇九年三月末、国は、任期制で自衛隊に採用されていた原告を、『任期満了』を理由に再任用を拒否した。これまで任期満了で再任用を拒否された自衛官は、非行や健康状態等を理由とするきわめて稀な場合のみであり、この裁判を起こしていることが実質的な再任用拒否の理由としか解されない。

そのことだけでも、訴訟提起時点で二一歳であったAさんにとっては、大変な日々であったことが、容易に想像できると思う。

Aさんが、訴訟提起した後、さらに、部隊の中では、一層の有形無形のハラスメントが行われた。さらに本件被害が部隊内で公になった後、部隊は、Aさんの性暴力被害を適切に調査するのではなく、部隊内での飲酒について捜査をすすめていった。そして、Aさんも捜査対象として扱われた。

裁判に対する支援のひろがり

一方で、訴訟提起の報道に接した全国のさまざまな人たち、労働組合等が、この裁判を応援したいと支援に動いた。今まで面識もなかった、また、別々に活動していた人たちも含めて、Aさんが自衛隊にとどまったまま裁判を起こした、との一点で支援につどい、裁判傍聴や集会等を含めた支援を行った。女性自衛官人権裁判を支援する会が立ち上がり、傍聴や支援要請、ホームページの立ち上げ、国会議員への要請行動等さまざまな取り組みをすすめた。原告弁護団も総勢八四名となった。

『党派』を越え、この裁判の意義を受けとめた人たちの支えが、原告Aさんと弁護団の最大の力となった。

ただ、自衛隊の違憲性ゆえに、この裁判は支持できないと述べていた労働組合の方もいたという。そのような考えについて、少し、私自身の考えを示しておきたい。

自衛隊の存在については、憲法九条との関係で、さまざまな議論がなされてきた。九条二項は、「前項の目的を達成するため、陸海空軍その他の戦力は、これを保持しない。国の交戦権は、これを認めない」と定めている。この「前項の目的を達成するため」を限定的にとらえて、自衛隊の存在自体は合憲と解するというのが日本政府の解釈である。

北海道の憲法訴訟として忘れることができない、いわゆる長沼訴訟第一審判決（札幌地裁一九七三（昭和四八）年九月七日判決判例時報七一二号二四頁）は、「自衛隊の編成、規模、装備、能力からすると、自衛隊は明らかに『外敵に対する実力的な戦闘行動を目的とする人的、物的手段としての組織体』と認められるので、軍隊であり」、二項でその保持を禁ぜられている「陸海空軍」という「戦力」にあたる、と判断した。しかし、この訴訟の控訴審判決（札幌高裁一九七六（昭和五一）年八月五日）は、「自衛隊の存在等が憲法第九条に違反するか否かの問題は、統治行為に関する判断」として、判断の枠外に置いてしまった。

私自身は、憲法九条一項が、自衛戦争を含めた一切の戦争を放棄しているものであり、二項は、第一項を受け、自衛戦争を含めた戦争のための軍隊は保持しないことを明言したものと解する立場から、自衛隊は日本国憲法に違反する軍隊組織であると考える。

そうであれば、そこに働く人たちの権利保障をどう考えるべきか、との問題に直面する、とも言いうる。

しかし、自衛隊に働く人たちが現に存在し、そこに人権侵害がある以上、その人権侵害を放置していいということになりえないことは当然と考える。この裁判の支援を広げようとする過程で、人権侵害に対応することは、自衛隊の存在を認めること、あるいは、温存することにならないか、との議論が一部の労働組合（の人）からなされたという。私自身は、制度を否定することと制度の中に置かれている人の人権課題に取り組むこととは別であると考えている。それは、少し飛躍するかもしれないが、原子力発電所の廃止を訴えていくことと、現在原子力発電所で作業している労働者の人権侵害に取り組むこととは別であると考えるのと、同じ発想ではないかと思う。

それは、自衛隊の違憲性について議論することを否定することではない。むしろ、議論のための情報開示であり、また、広い意味での憲法議論につながっていると考えている。

彼女の好きな色（ラッキーカラー）はオレンジであったが、裁判の日には、彼女も支援者も弁護士も、オレンジ色の物を身につけて入廷し、法廷が、ぱっと明るい雰囲気になった。

国会での取り組み

紙智子氏、辻元清美氏などの国会議員が、彼女の裁判を受けて、国会で質問をするなどさまざまな支援が始まった。

辻元清美衆議院議員（当時）は、二〇〇七年五月一八日の第一六六回衆議院安全保障委員会において、次のような質問を、当時の久間章生防衛大臣および増田好平政府参考人（防衛省人事教育局長）に対して行っている。

五月八日にある女性自衛官が国を告訴（筆者注：国家賠償請求訴訟の提起のこと）した、……男性自衛官は勤務中に泥酔していた……深夜呼び出されて施設内で暴行やわいせつ行為を受けた、上司に相談したが、男性自衛官を異動させるなどの措置をとらず、ことし二月には逆に退職を迫られ、理不尽な扱いを受けた……というようになっております。長官は、この告訴の内容を御存知でしょうか。

私のところには、この案件以外も、ほかのところで防衛省絡みのセクシュアルハラスメント案件が耳に入ってきたりしているわけです。

隊員の意識調査を行うと言うことになっているんですが、意識調査は何回今まで行われたでしょうか。

増田政府参考人は、「アンケート調査は、実は過去に一回、平成一一年に行っているところでございます」と回答時点で約八年間意識調査がなされなかった事実を認めた。

この質疑と答弁、そして、Aさんの訴訟提起があったため、2節で触れた二〇〇七（平成一九）年の調査と、その公表がなされたことが容易に推察される。

辻元氏は、上記増田政府参考人の応答に続けて、米国の例を挙げ、セクハラについて「調査をして報告するということは抑止力になるわけですね」と、指摘した。[*1]

さらに、翌年の同委員会でも、辻元氏は、今度は石破茂防止大臣に対して、以下の重要な指摘を行った。

セクハラに対する処分についての「資料を今回いただきましたが、例えば、この年度間に幹部の方で、停職一七名、減給三名、戒告三名、幹部も二三名ですよ。准そして曹、これは停職一二名、減給六名、戒告五名と。幹部もかなり処分。これは訴えがあった中で、内部の処分ですけれども、ちょっと国際的にも恥ずべきことだというように私は考えます。…中略…やはり外部の第三者も含

＊1　第一六六回国会衆議院安全保障委員会議録一一号より引用。

めて、例えば、被害を訴える隊員が自分の弁護士を同行して相談員と相談できるような対策を打つとか、……第三者的なちゃんとトレーニングを受けた相談員を置くとか、そういうことも検討していくべきだと思います……」。

石破国務大臣「委員ご指摘のように、ともすれば閉鎖的、一般のお客様相手に仕事をしているわけではございませんので……閉鎖的になりがちだ、そして階級社会である。だから、そういうところで、セクシュアルハラスメントというのは別に女性ばかりでなく男性もあるのでしょうけれども、とにかく、きちんとそういう悩み、問題を訴えやすいシステムというのは今後も考えて行かなければいけない……」「……人権の問題でございますから、弁護士と言うものをどのように活用するかという問題意識は持って、今後内部で検討をさせたいと思います。[*2]」

また、紙智子議員は、二〇〇八（平成二〇）年一月三〇日付で、当時の江田五月参議院議長に、「自衛官・防衛省事務官等の性犯罪行為等の処分に関する質問主意書」を提出し、その中で、防衛省が、平成一七年度から公表を開始した[*3]自衛官・防衛省事務官等の職務遂行上の犯罪行為および私的犯罪行為など懲戒処分該当行為のうち、処分数の六割に及ぶ私的行為のうち、二五％にあたる「その他」の内容が不明であるため、その内容を明らかにするよう求めた。

これに対し、福田康夫内閣総理大臣（当時）は、同年二月八日付答弁書（内閣参質一六九第一四号）において、「そのすべてを明らかにするには調査に膨大な作業を要し、お答えすることは困難である」旨答弁するにとどまった。国民に対する説明責任を放棄した答弁と言わざるをえない。

＊2　第一六九回国会衆議院安全保障委員会議録五号より引用。

＊3　事務次官通達「懲戒処分の公表基準について」（平成一七年八月二日）に基づく公表。

裁判の展開

Aさんは、上官の違法行為（性暴力）について、国を被告として損害賠償等を求めた。自衛官は公務員であり、原則として「上官個人」の法的責任を問うことができないことから、国に対する国家賠償請求訴訟とならざるをえず、国のみを被告とする裁判であった。

被告国は、彼女が受けた被害について、事件から一年以上たっても、「不知」（事実関係については「知らない」という意味の主張）と繰り返した。さらに、自衛隊の中では、当初、加害行為を行ったYに対する処分もなされないまま、裁判は進行した。

展開が変わったと感じたのは、橋詰均裁判官が新たに裁判長になって以後のことだった。橋詰裁判長のもとで、進行協議期日[*4]という形で、裁判官と双方代理人が基地内の被害現場の見分が実現した。被害現場のボイラー事務室は、ボイラー室の隣でボイラー音を遮断するために、防音となっており、外には、声も音も聞こえない状態であった。また、電気を消した際の暗闇の状態、厨房が外階段を上っていったところにあり、ボイラー室の防音性から、相互に音が聞こえないことも、現場に行って初めて明確になった。

「麓」から自衛隊の入り口ゲートを越えて、現場の建物まで、バスで約七、八分かかる「山上」に基地があるが、上にのぼると、基地の官舎以外何もない場所である。

職住一体との実態について、私たちは、裁判の主張書面（準備書面）でもくわしく述べていたが、加害者と同じ空間で仕事し、生活するということの苦痛や恐怖感は、やはり現地に行って、強く体感した。

上官とYの尋問は、それぞれの対応を浮き彫りにする内容であった。

＊4　民事訴訟規則九五条第一項は、「裁判所は、口頭弁論の期日外において、その審理を充実させることを目的として、当事者双方が立ち会うことができる進行協議期日を指定することができる。この期日においては、裁判所及び当事者は、口頭弁論における証拠調べと争点との関係の確認その他訴訟の進行に関し必要な事項についての協議を行うものとする。」と定められている。この手続を用いて、事件の現場に赴くことが、時々行われているが、本件でも、この手続によって、裁判官三名と双方代理人が基地の現場に赴いた。

Ｙは、別の自衛官から焼酎のペットボトルをもらい、勤務中に勤務場所であったボイラー室に持ち込み、他の自衛官と飲酒していたうえで、深夜Ａさんを勤務場所に呼び出した。その後、Ａさんに対する性暴力事件を起こしたが、その理由について、Ｙは「魔が差しました」と証言した。

上官は、Ａさんから被害内容を聴取する際に女性相談員等を立ち会わせる等の配慮を行うこともしなかった。別の上官は、そのようなことを当時思いつかなかったと証言した。継続任用志願書、退職願、離職者調書の三種類を渡しており、さらに、親の同意書をとるようにと指示していた。また、Ｙの異動について検討はしたが、自衛隊内での事実調査のために異動することにならなかったと証言した。

もう一人法廷で証言した上官は、被害を申告したＡさんに対し、「加害者的な面もあるのではないか」とか、「おまえは一〇〇パーセント自衛隊に貢献できているのか」「人の揚げ足を取るようなことがおまえの仕事かと、被害妄想だよ」などと述べたことを認めた。

提訴後も、職場内でＡさんに対するいやがらせが続いたため、支援者や支援団体は、自衛隊や防衛省に申し入れなどを行ってきた。しかし、二〇〇九年三月、Ａさんは自衛官の再任用を拒否され、最終的に自衛官の身分をはく奪された。

私たちは別の訴訟を検討した。しかし、任用制度のもとで、Ａさんが任用継続拒否について新たに訴訟等で争うことはきわめて困難であるとの判断から、新たな訴訟提起に至らず、きわめて残念なことに、裁判途中でＡさんは自衛官という地位を失うこととなった。

勝訴判決

二〇一〇年七月二九日の判決言渡しと、八月一二日の勝訴判決の確定は、Aさんだけでなく、私たち代理人にとっても忘れ難い日だった。

二〇一〇年七月二九日、札幌地方裁判所民事第三部（橋詰均裁判長）は、性暴力被害の事実、事件後に自衛隊側が被害者に対する不適切な対応を行ったことを認定し、Aさんの主張をほぼ全面的に認める画期的判決を行った。

そして、控訴期限であった同年八月一二日に、国は控訴を断念し、Aさん勝訴の判決が確定した。国を相手とする国家賠償請求裁判においては、国が控訴し、最後まで争う姿勢を崩さないことがほとんどであるため、一審で確定する事案は少ない。裁判を支える会のメンバーが、国会議員を通じて防衛省に要請行動を行う等、最後まで粘り強い取り組みを行った大きな成果である。

裁判所は、原告が訴えた性暴力被害の事実関係を正面から認定するとともに、被害発生後、原告が所属「部隊」の別の上官に相談して以後の自衛隊内部の対応の違法性を丁寧に判断した。

そして、性暴力被害による慰謝料として二〇〇万円、部隊の事後対応の違法（違法な職務行為）による慰謝料として三〇〇万円、弁護士費用八〇万円を各認定した。

損害賠償額についてはさまざまな評価がありうるが、これまでのセクシュアルハラスメントに関する裁判例と比較しても、画期的な判決である。自衛隊組織にとどまらず、職場内の性暴力被害に対する判断としても、新たな歴史的地平を切り拓いたものと評価される。

本訴訟で自衛隊は、①性暴力被害の事実、②性暴力被害等に対する国家賠償法の責任、③事件後の被害者保護・援助義務違反、④退職強要、の原告が主張した内容を全面的に争っていた。

判決は、①について、被告側が、原告の供述の『変遷』を主張したことに対し、性暴力被害者が、「性的暴行の被害を思い出すことへの心理的抵抗が極めて強い」こと、もっぱら男性上司や男性警務隊員によって原告に対する調査がすすめられた事実をふまえ、「原告が性的暴行を冷静に思い出したり、記憶を言葉で説明することができなかった可能性が高い」等と指摘した。

そして、本件現場、組織の特性として、「自衛隊は本質的に戦闘集団であるため、隊内の規律統制維持のため隊員相互間の序列が一般社会とは比較にならないほど厳格で、上命下服の意識が徹底した組織」と正面から認定したうえ、原告が上位者である加害者に逆らうことができない心境に陥ることが不自然ではないと判断した。

②については、次のような判断を行った。

（Yの）性的暴行は性欲を満足させるための私的な非行であるが、このような非行であっても、その行為が公務の外形を利用して行われた場合には、公務に関連する行為として、国家賠償法一条一項所定の行為の公権力性が肯定される。

（最高裁昭和三一年一一月三〇日判決・最高裁判所民事判例集一〇巻一一号一五〇二頁）。

③の職場の法的責任については、（ⅰ）被害職員が心身の被害を回復できるよう配慮すべき義務（被害配慮義務）、（ⅱ）加害行為によって当該職員の勤務環境が不快となっている状態を改善する義務（環境調整義務）、（ⅲ）性的被害を訴える者がしばしば職場の厄介者として疎んじられさまざまな不利益を受けることがあるので、そのような不利益の発生を防止すべき義務（不利益防止義務）を負う、と具体的な判断基準を示したうえで、それぞれの違反行為を認定した。

被告の本事件発生後の対応の違法性による慰謝料として三〇〇万円を認定したことの意味も大きい。事後の二次的加害行為は、自衛隊のみならずどの組織にも共通する問題であり、組織的な対応の不備が、被害者をさらに追い込んでいくという図式の中で、組織の責任の重大さを明確に認定した。

判決確定後のAさんのコメント

判決確定後、Aさんは、次のようなコメントを公表した。

昨日八月一二日に、国が控訴を見送るという判断をしました。これでやっと、私の裁判は終わりを迎えました。長く私を支えてくださった皆さんのおかげで、やっとこの日を迎えることができました。傍聴席まで足を運んでくれた方、メールや手紙で私を励ましてくれた方、まだ会ったことはないけれど、遠くからいつも私を応援してくれた方、そして私のすぐ傍で共に闘い、苦労を一緒に乗り越えてきた支援する会の皆さん、本当にありがとうございました。

…中略…

この裁判はさまざまな人が立場や思想を越えて、自衛官の私に共感してくれたからこそ、勝つことができたと思います。私を支援してくれた方は、私の話に耳を傾け、理解し、共感をもって接してくれました。本当に理解してほしいと思った自衛隊には最後まで私の言葉が届いたかどうか解りません。しかし、私が提訴したことで自衛隊の現状が少しでも改善されたらと願うばかりです。

私達が闘って勝ち取った判決は、戒めの楔です。今後自衛隊は、自衛官一人一人を人間として扱い、決してその人権を侵害することがないように強く求めます。この判決が、自衛隊で働く人達への身体的精神的暴力・セクシャルハラスメント・いじめ等の抑止力になってほしいと思います。

二〇一〇年八月一三日　原告

判決の意義と今後

先に引用した防衛省が職員に対して実施したセクシュアルハラスメントに関する意識調査によれば、一九九八年には「性的関係を強要された」職員が一八・七％であったが、本訴訟提起後の二〇〇七年八月調査では三・四％となった。二〇〇七年調査でも「わざとさわる」被害に遭った職員は二〇・三％にのぼるなど職場環境上の課題はきわめて大きいが、本訴訟とそれを支えた人たちの声が、自衛隊内におけるセクシュアルハラスメントや性暴力被害の防止に向けて大きな役割を果たすべく、私たちは今後もみまもっていく必要がある。

また、被告国側は、代理人が退職勧奨について職場である自衛隊とやり取りすることも拒否していた。**2**節で引用したとおり、辻元議員が、当時の石破防衛大臣に対し、「外部の第三者も含めて、例えば、被害を訴える隊員が自分の弁護士を同行して相談員と相談できるような対策を打つとか、……第三者的なちゃんとトレーニングを受けた相談員を置くとか」が必要である旨の指摘・質問を行っていたが、この点が現在まで改善されているとは聞かない。

前述した佐藤文香氏は、二〇〇四年に発刊された『軍事組織とジェンダー――自衛隊の女性たち』の中で、次のように指摘する。

……自衛隊の非軍事的イメージ、仲間とともに青春を謳歌する明るさを持った平和の創造者たる自衛官、男女がともに働くことのできる職場としての自衛隊というイメージを創出し、その際、女性たちは少なからぬ役割を果たしてきた

一方……自衛隊は組織内におうて守られるべきジェンダー秩序を変化させたであろうか。……「女らし

い」役割からおりて男性に伍してゆく女性に一部の場所を確保しつつも、あくまで、男性が主導的役割を担い、「女らしい」役割を果たす女性をマジョリティとして男性の応援団に組み入れるようなジェンダー秩序が構築され続けてきたのである。

（同書二〇八頁）

自衛隊の中の性暴力。軍隊と性暴力は切っても切れない、と言われるが、Aさんが投じた一滴の水は、この国のあり方を変える可能性を秘めている。

北海道は、長沼ナイキ訴訟等の憲法訴訟を経験している。札幌地方裁判所では、Aさんの裁判のほか、箕輪登さんが当初は一人原告で裁判を始めたイラクへの自衛隊派兵差止等訴訟も経験している。

私たちも、Aさんが投じた一滴につながり、この国を変えていきたいと思う。

Aさんの裁判は、多くの人たちに、元気と勇気を与えた。彼女が問いかけているのは、自衛隊の中でも女性の人権がまもられ、被害が回復することであったが、札幌地方裁判所の判決確定により、ようやく、被害の回復が果たされた。

それでも、Aさんは、仕事を失った。阪神淡路大震災での自衛隊の活躍ぶりをみて、彼女は、自衛官になり、学びながら社会に役立ちたいと願っていた。今回の東日本大震災を経験し、もし、Aさんが引き続き自衛官でいたならば、どのような活動をしていただろう、と想像すると、人材を失ったことは、社会的な損失である。

さまざまな人権侵害の中で、セクシュアルハラスメントは、被害に遭った側が、肉体的にも、精神的にも長期間にわたって痛手をこうむり、さらに、仕事を失うといった甚大な損害・ダメージを負うことがほとんどである。

今後も女性自衛官は増えていくだろう。その中で、セクシュアルハラスメントが生じないための実効性ある対応策が喫緊に求められている。

●参考文献・映画

佐藤文香『軍事組織とジェンダー——自衛隊の女性たち』慶應義塾大学出版会、二〇〇四年
自衛隊と防衛大学校のフィールドワークを行い、女性自衛官についてジェンダーの視点から切り込んだ国内で「唯一」の体系的な著書である。
サビーネ・フリューシュトゥック『不安な兵士たち——ニッポン自衛隊研究』原書房、二〇〇八年
第三章「フェミニスト・ミリタリスト」では、女性自衛官の抱えているフラストレーションや差別の実態（「再女性化、極端な男性化」）を端的に記載してあり、ぐいぐい読める。
辻村みよ子『憲法とジェンダー　男女共同参画と多文化共生への展望』有斐閣、二〇〇九年
第9章「平和とジェンダー」第2節では、「フェミニズムの『難問』」として、「女性兵士をめぐる問題」が取り上げられている。花崎皋平さんの国家の「殺人権」との共犯関係に入るとの指摘をはじめ、議論の歴史的経過がコンパクトに整理されている。
リドリー・スコット監督、デミー・ムーア主演、映画「G・Iジェーン」一九九七年
軍隊と女性兵士の置かれた地位を映像で見ることが出来る。
ロブ・ライナー監督、トム・クルーズ主演、映画「A Few Good Men」一九九二年
ストレートに女性兵士を描いたものではないが、軍隊内での暴力が暴かれていく軍事法廷を描いている。デミー・ムーアとトム・クルーズの対比も含めて、何とも「アメリカ映画的」ではあるが、ジャック・ニコルソンの演技が圧巻で印象深い。
Vardit Bilu, Dalia Hager 監督、映画「Close to Home」二〇〇六年イスラエル
イスラエルの女性兵士の日常を描いたもの。見ていないが番外として紹介する。是非見たい映画である。

意見陳述

2009年5月21日
原告　×××××××

今日からちょうど2ヶ月前の3月21日。私は5年間勤めてきた航空自衛隊を退職になりました。なぜならば、自衛隊が私の任用継続志願を、拒否したからです。

私は、3年前の9月の深夜、上司に暴力を受けました。その後、部隊は、被害者を援助するのではなく、かえって厄介者、問題隊員であるかのように扱い、加害者の身分を守ろうとしました。そして、2年前の2月には、私の方が上司から陰湿な退職強要に遭いました。
それでも私は、自衛隊という仕事に誇りを持ち、そして何よりも自衛隊が好きだったから仕事を続けたいと思いました。そのために私に残された道は、裁判を起すことしかありませんでした。

しかし、私が裁判を起したために、今回このように仕事を奪われる結果になったことを、とても悔しく、残念に思います。私に任用拒否が通知された約1カ月後の2月27日、自衛隊はやっと加害者を懲戒処分にしましたが、その内容は停職60日で、もういまは停職が解け働いていると思います。

今回の継続任用拒否について、自衛隊はいまだにその理由を説明しません。私の上司にいたっては「情報開示しても無駄だからな」と私を脅すだけでした。国会議員を通してやっと任期制自衛隊員の任用の実態が分かり始めたばかりです。陸上自衛隊の場合には、過去5年間に4万3000人が任用継続を志願して、1人も拒否されていないことを知りました。航空自衛隊でも8200名中、たった1名だけだったということです。

私は、自衛隊に、人間としての権利や、女性としての尊厳、そして今回「働く」権利までも奪われました。

私は今、一人の国民として、裁判所に私の侵害された権利を取り戻してもらうために裁判をしています。どうか公平な審理と判断をお願いします。

以上

＊2009年5月21日の裁判長交代の弁論更新手続における本人の意見陳述である。

第7章　アイヌ民族の権利回復と平和

島崎　直美

1　はじめに

六月から七月にかけて、アイヌモシリ（北海道）にとって新緑がとても美しい、さまざまな花々が心を和ませてくれる季節となる。春生まれのわたしがもっとも愛するときである。大好きな山菜（プクサ、フキ、フクベラ、ウド、シドキ、エゾのリュウキンカ等）は、長い冬が過ぎたあとの、待ち遠しい春からのプレゼントだ。命の息吹を感じさせるこの季節ならではのものだ。私たちの祖先は自然と共に生きてきた民族である。祖先たちもやはり同じように自然の恵みに感謝し、自然と共生しながらバランスよく生きてきたのだと思う。

そんな自然からの恵みを満喫しながら、好きな山々に囲まれ生きることができたらどんなに幸せだろうとこの季節になると感じる。また、このような気持ちにさせてくれる偉大な自然は、素晴らしい感性と感情、豊かな表現力やパワーをも与えてくれる。

しかし、現在の社会の中で自然と共に暮らしていくには、苦労をしなければならない。マジョリティ社会の中で生きてきた現代のアイヌが、先住民族であるからといっても、自然と共生して生きるのは困難をしいられる。また、今ある生き方を変えてまで自然と共生できる環境ではなくなったという事実は曲げられないだろう。

それが現在の社会とアイヌ民族とのギャップだと、私は考える。

2　アイヌ民族を取り巻く状況

二〇〇八年六月六日の国会決議

二〇〇八（平成二〇）年六月六日、国会において「アイヌ民族を日本の先住民族とする決議」が全会一致で採択された。これは、アイヌ民族にとっては大きな出来事だった。

私が北海道ウタリ協会*1（現在は北海道アイヌ協会）に入会した一九八八年頃、北海道旧土人保護法*2を廃止し、アイヌ新法を制定する運動にむけ、アイヌウタラ（アイヌの仲間たち）は頑張っていた。彼らは、北海道アイヌ旧土人保護法は差別法であり悪法だと訴えていた。わたしも「そうだ!!」とシュプレルコールを一緒にあげていた。

アイヌに目覚めた当時、若さゆえ私は無防備で頑張っていたのを今も忘れない。多くの先輩たちの行動はかっこよく見えた。「和人と対等に生きたい」「格差社会を埋めたい」「経済を守りたい」「福祉だけに頼っていてはだめだ」「アイヌ民族に対する保障や賠償を国は責任を持つのが当たり前」「歴史教科書の修正」「子供たちの高等教育の充実」等々、社会におけるギャップの是正を求めてさまざまな声や見解、提言書を国へ届けた。

そんなアイヌ諸先輩の姿を見て、まだまだアイヌも捨てたものではない、カッコいいとさえ思っ

*1　北海道に住むアイヌ民族の組織として一九四六年二月、北海道アイヌ協会として設立。一時、活動は休止状態だったが、一九六一年に、名称を北海道ウタリ協会（「ウタリ」とは同胞・仲間のこと）に変更し活動を再開する。「アイヌ民族の尊厳を確立するため、その社会的地位の向上と文化の保存・伝承及び発展を図ること」を目的に、修学や就職の支援、農林漁業対策などのアイヌ施策、アイヌ民族文化祭の開催などを行っている。二〇〇九年に、北海道アイヌ協会の名称を変えた。会員数は約二八〇〇人。

*2　一八九九年に制定された植民地法。一八七一年の戸籍法に「平民」に編入されたアイヌ民族は、七八年に、ヤマト民族と区別するため「旧土人」と呼ぶことが決められた。この

ていた。しかし権利回復に至るには、現実という大きな壁が立ちはだかっていた。日本の国の現実は重く、冷酷なものだった。それは、アイヌ民族の権利について無関心あるいは罪の意識さえ感じていないものだった。アイヌ民族にとっては、政治の場で対等に議論できないもどかしさがあった。アイヌ民族の権利回復を主張したりアイヌの史実をいくら語っても、この国の法律を打ち破る手段には至らなかった。

　それが二〇〇八年七月のＧ８サミット（首脳国会議）の気運も高まった頃から変わりはじめた。二〇〇八年六月六日、国会決議という大きな出来事が起きた。この国がアイヌは日本の先住民族であると認めたのであり、それは大きな喜びをもたらした。ただ、認めざるをえなかったのは、外圧に弱い日本の国は国際舞台での潮流に乗らなければ国の恥であると感じたからに違いない。

有識者懇談会の報告

　二〇〇七年九月に国際連合総会で採択された「先住民族の権利に関する国際連合宣言」（以下、「国連宣言」）や二〇〇八年六月に衆参両院の本会議で全会一致で採択された「アイヌ民族を先住民族とすることを求める決議」（以下、「国会決議」）を受けて二〇〇八年七月、内閣官房長官の諮問機関として「アイヌ政策のあり方に関する有識懇談会」（以下、「有識者懇談会」）が設置され、アイヌ政策の新たな理念および具体的な政策のあり方について総合的な検討が行われた。二〇〇九年七月に懇談会の報告書がまとめられたが、そこではアイヌの人々が先住民族であるという認識に基づいて、先住民族たる地位および日本国憲法から導き出される政策を実施すべきであると提言されている。これを受けて同年一二月、アイヌの人々の意見等をふまえつつ総合的かつ効果的なアイヌ政策を推

法律は、「異民族」としてのアイヌ民族に農耕や教育を促進し、同化を強制することを目的として制定された。一九九七年にアイヌ文化振興法が制定され、ようやく廃止された。

進するため、内閣官房長官を座長とする「アイヌ政策推進会議」が開催された。

私はこの提言に大きな期待を持った一人だった。ようやくここまできたのかという思いは、アイヌ差別から脱却ができるのではないかという淡い期待へとなった。しかし、先住民族として認められたものの、アイヌの経済や生活の状況に変化はなかった。

有識者懇談会では、アイヌ民族の権利回復や社会的・経済的地位向上を図るため、生活や教育支援などについての検討が課題だった。発足された懇談会の委員は、国によって選出された専門の学者が中心だった。八名の委員中アイヌ民族の代表は一名であるなど、国際基準に適合していないものだった。

アイヌからはたくさんの不満の声が聞こえてきた。短期間でアイヌ政策の実現へ向けた作業を行うことは、大変だっただろう。二〇〇九年七月二九日、有識者懇談会の報告書が出された。この報告書の内容に関しては、賛否両論の議論が起こった。このようななかでアイヌにとって何が有益な方法や手段なのか、じっくりと考える時間と余裕は十分ではなかっただろう。しかし、逆にこういう時だからこそアイヌ民族が連帯することはとても重要であった。

懇談会の二〇〇九年報告書の構成は、大きく分けて以下の三つの柱立てになっていた。

①　今に至る歴史的経緯
②　アイヌの人々の現状とアイヌの人々をめぐる最近の動き
③　今後のアイヌ政策のあり方

この三つの大きな柱は、さらに細分化されている。報告書をまとめる作業のなかには、短所や長所もあったが、内容をとってみると、工夫されている、またアイヌ民族の意見を反映している箇所も随分あった。しかし、この報告書はあくまでもアイヌ民族の権利回復を求めていくための端緒にすぎなかった。

目標に近づき、さらには現実にするためには、アイヌ民族だけではなく国民全体で取り組んでいくことが、とても重要である。ゼロに戻すのではなく一つひとつ実現に向けてすすむことが、アイヌ民族としての誇りを持って生きられる社会にする方法だと思う。アイヌの一人としてそれを切に願わずにはいられない。

しかし、有識者懇談会の報告書では、アイヌ民族が土地を根こそぎ奪われ人権を踏みにじられてきたという事実、その繰り返しの歴史、また一八六九年の開拓使設置によるアイヌ民族の同化政策、土地権・自治権の剥奪等に対し、謝罪に関してはほとんど考慮されておらず、不満を感じずにはいられない内容だった。いかなる民族であろうとも人間として生きる権利がある。この原点に立ち戻り、これまでの歴史をふまえ、アイヌが搾取・差別されてきたのはなぜなのかを問い直すことから始める姿勢が大切であろう。

アイヌ民族との協議なしで進むアイヌ政策

有識者懇談会の報告を受けて、二〇〇九年一二月二五日、内閣官房長官決裁により常設された「アイヌ政策推進会議」（章末付属資料参照）が二〇一〇年一月二九日にスタートした。推進会議委員一四名のうちアイヌ民族は五名のみだった。また、推進会議は二つの作業部会が設置されていたが、そのことを知らないアイヌが大半であった。一つ目は民族共生の象徴となる空間作業部会（アイヌ民族二名＋一名）、二つ目は北海道外アイヌ生活実態調査作業部会（アイヌ民族二名＋一名）。推進会議が発足してから約九カ月の短期間ではアイヌ民族はもちろん、国民の理解の促進がどこまで果たせたのかはみえてこない。

政策推進会議は「アイヌ民族の権利回復に向けた審議機関」であったはずだ。この審議機関は、アイヌ民族と日本政府が対等な立場で協議・交渉する場であり、メンバーの構成は、先住民族の代表および非先住民族の代表委員は一方的ではなくアイヌ民族との協議に基づいて選ばれた者とすべきであっただろう。

しかし現実は違っていた。このような委員の決定は、先住民族の意思決定への参加権を定めた「国連宣言」の第一八条、影響する立法や行政措置に対する同意を定めた第一九条に違反している。なぜ、こうしたことが起きるのか。それは、アイヌ側が怠慢であったからではない。むしろ、アイヌが無視され、「ウコ・チャランケ」（お互いに・議論しあう）という対等な立場に置かれてこなかったため、マジョリティ側の選択肢にアイヌは組み込まれていったのだと言えよう。

また、社会の土台を築く教育において、アイヌ文化の理解、異質または多種多様な価値観の共有、それらを構築する取り組みが十分になされているとは言えないからだ。そのうえ、アイヌと非アイヌとの社会的格差も未だ埋まってはいない。アイヌと非アイヌの社会的格差を埋める作業として、アイヌとしての誇りや祖先から受け継いだ伝統文化を守り、民族としての道筋を再構築する時間や機会——日本国内外を問わず——を冷静に受け止め、かつ発展的に進めていくことが重要だろう。

日本社会の一人ひとりが声を上げ、人間存在を叩き潰すことは基本的に非常識で間違ったことだという空気をつくっていけば、アイヌの権利回復の道は開かれていく。世の中を変革するためには、法的整備など制度ばかりではなく、アイヌ民族とは誰なのか？　それを確立していくことが尊重され認められていく社会に国民を巻き込んでいく、そういった手法や技法はとても重要だ。政策推進会議などに任せきりにするのではなく、いつでも議論ができる場、意見を反映させていく覚悟が求められる。また、政府に声をあげて、指摘していくことが大切である。私の属する「世界先住民族ネットワーク　ＡＩＮＵ」は、「アイヌ民族代表機関早期実現と国会憲法を速やかに改正し、先住民族であるアイヌ民族の意見を国会で反映させるためにもアイヌ民族には特別議席が与えられるべきである」と提言した。

3　アイヌ問題解決に向けての課題

歴史をどう学ぶのか

問題は、歴史の学び方だ。

歴史記述は、支配者側の観点ではなく、踏みにじられた側の観点が反映されなければ公平ではない。マジョリティ側の発想でつくられた実態を覆い隠すようなたんなる教養程度の歴史記述ではなく、公平な歴史記述で学ぶべきだ。歪められてきた歴史の事実を塗り変えるチャンスはこれからだ。このチャンスを生かすには、市民たちを動かす政治力、市民たちと一緒に立ち上がる行動力、市民同士の団結、人権を踏みにじられてきた世界各地の多くの人々との連帯が必要である。

アイヌ民族の権利回復は、日本という国が直視すべき問題であり、日本という国の形に関わる問題だ。だからこそ、国民一人ひとりがアイヌ問題と向きあって考えてほしい。市民としての良識を持つように、政府が国民にきちんと働きかけるべきだ。

一九二三年に出版された『アイヌ神謡集』の序で知里幸恵（一九〇三―二二年）が「おお滅びゆくもの……それは今の私たちの名、なんと悲しい名前を私たちはもっているのでしょう」と書いたことが示すように、アイヌ民族に対し、「滅びゆく民族」といった誤った歴史認識が世間に広まっていった。このように、意図的に歪曲された歴史は、いまなお是正されていない。

こういった現状に対し、歴史を見直すために短期、中期、長期でできることから始めよう、という穏やかな声がある。しかし、間違っていることは、時間をかけ穏やかな議論をすることでは説得できない。時には雷雨のような激しい批判も必要だ。

私たちアイヌが求めていることは何か？　アイヌには、まず取り組むべき緊急課題がある。その一つは、教育に関わる課題だ。アイヌに関する見識を持った教育者の育成、アイヌの事実に基づいた歴史教科書の作成、幼児教育からの正しい社会教育など、これらの実施は、たしかに一朝一夕にはいかないであろう。しかし、そういった理念に基づく取り組みこそが、アイヌ民族に対する誤解を除去し、相互理解への道をひらき、ひいては共生社会の形成に資するのである。急がねばならない。

日本政府は何をしているか

生活、教育、福祉さまざまな面で、一般の国民に比べ著しく不利な状況に置かれているアイヌ民族に対し、経済的・社会的援助がおろそかにならないよう十分に配慮すべきだ。北海道は一九七四（昭和四九）年度からアイヌの人々の社会的・経済的地位の向上を図ることを目的に、北海道ウタリ福祉対策（二〇〇一〈平成一三〉年度終了）を実施してきた。

現在、北海道では、「アイヌの人たちの生活向上に関する推進方策（第二次）」（二〇〇九―二〇一五〈平成二一―二七〉年度）に基づき、（1）生活の安定、（2）教育の充実、（3）雇用の安定、（4）産業の振興、（5）民間団体の活動の促進、を基本的方向とする施策を推進している。この施策を支援するため、政府は関係七省で構成する「北海道アイヌ生活向上関連施策関係省庁連絡会議」を設置し、関係行政機関の事務の緊密な連携を図っている。国土交通省北海道局はこの連絡会議の窓口として、アイヌの人々の生活と雇用の安定、教育の充実、生活環境の改善、産業の振興などの施策の総合的推進に努めている。また、これまでのアイヌ施策においては、予算の半分を国が、残りの半分を道が支出するという体制がとられてきた。

しかし、江戸幕府の消滅まで蝦夷地（アイヌ地）であった北海道を一方的に日本の領土に組み入れたのは国であり、すべての責任は国にある。したがって、今後すべての施策・およびその実施のための予算化等、国の内閣府に「アイヌ民族局」（仮称）をおいて一本化し、すべてを国の責任において実施する体制をつくるべきではないかと考える。アイヌ民族の権利については、今後、新たな法律を制定するなかで、見直すところがあれば見直さなくてはならない。民族の自己決定権（自決権）、土地・領土権、教育、生活、経済、福祉などについてはさまざまな考え・意見もあることだろう。それらを丁寧に整理しながら、建設的に明確にまとめていく作業のなかで、アイヌ側からの要求と方向性を国に知らしめていくことが当面重要となる。それと同時に、先住民族アイヌとしての責任ある行動と言動が重要視されていくだろう。迷ったり躊躇したりする時間はアイヌ民族にはない。

一方、日本国は、アイヌ民族に対して行ってきた政策について、公の場で謝罪しなければならない。奪ったものは返還、補償するのが常識だからだ。かつてアイヌモシリ（静かなる人間の住む大地）は、アイヌ民族のものだった。したがって、国家賠償は当然だろう。人間の道理でいえば、正義の主張は報われるはずだ。

さらに、アイヌの人権に配慮したアイヌ政策の早期実現には、社会へのアピールが必要だ。制度だけでは世の中は変わらないし、国民が理解するには時間がかかるが、やはり社会へのアピールを抜きにはできない。なぜなら、アイヌ民族の事実を歪曲したのは、日本国の仕掛けた国策だったからだ。

4　アイヌ民族自身の抱える課題

二〇〇八年六月以降、アイヌ民族に関する有識者懇談会やアイヌ政策推進会議などが行われてきたが、アイヌを取り巻く状況は、アイヌにとって少なくともマイナス方向に進んではいないことを期待したい。

しかし、繰り返しになるが、これまでのアイヌ側をみると一方では何か釈然としない経過もみられた。アイヌ自身が学び確認しあう作業時間が少なかったため、解釈のしかたにより、さまざまな観点から、不満を抱くアイヌも多くいた。仲間同士の分断ではとの囁きもあったぐらいだ。これまでのアイヌ政策とは大きくかけ離れたものを望む声もあれば、これまでの国のあり方に期待を持てず反応しない仲間も多くいた。このように、さまざまな声があった。

アイヌ人骨問題

ここではアイヌ民族のなかでも議論の分かれる問題の例として「アイヌ人骨」問題を取り上げることとする。アイヌの人骨が「研究対象」とされ学者によって奪われた事実について、アイヌ「政策推進会議」が次のように指摘している。

江戸時代末期の一八六五年には、道南地域二ヶ所のアイヌの墓から英国領事館員らによってアイヌの人骨が発掘され持ち去られるといった事件も発生した。明治中ごろには、我が国においてナショナリズムが盛り上がる中で、日本人の起源をめぐる研究が盛んになり、日本人の研究者等によってもアイヌの人骨の発掘・収集が行われ、昭和に入っても続けられた。現在も数ヶ所の大学等に研究資料等としてアイヌの人骨が保管されているが、それらの中には、発掘・収集時にアイヌの人々の意に関わらず収集されたものも含まれていると見られている。

また、国連宣言はもっと明確に、先住民族の遺骨の返還に対する権利を認めている。

第一二条【宗教的伝統と慣習の権利、遺骨の返還】
1．先住民族は、自らの精神的および宗教的伝統、慣習、そして儀式を表現し、実践し、発展させ、教育する権利を有し、その宗教的および文化的な遺跡を維持し、保護し、そして私的にそこに立ち入る権利を有し、儀式用具を使用し管理する権利を有し、遺骨の返還に対する権利を有する。[*3]
2．国家は、関係する先住民族と連携して公平で透明性のある効果的措置を通じて、儀式用具と遺骨のアクセス（到達もしくは入手し、利用する）および／または返還を可能にするよう努める。

このシビアな問題である奪われたアイヌの祖先の遺骨問題とは、遺骨を採集保存した大学側との問題でもある。問題が解決されないまま、遺骨の施設がつくられ、その一幕として「民族の共生の

＊3　原語の"human remains"は、遺髪など、骨以外の遺体全体を含む概念である。

象徴となる空間」と呼ばれる公園等として整備されることになっている。この動きに対して、アイヌ民族自身の最善の行為とは何であるのか、解決に至っていない。

盗掘された人骨問題は遺族にすればいたたまれない問題であり、遺骨を親族に返還するだけでは、単純に解決できるものでないだろう。目的、意義を説明するなどの手順を経ずに収集された人骨がかなり混ざっている。研究者の方々に、率直に反省を求めるところである。

このように、人類学等の研究対象であったアイヌの人骨は、祖先がすすんで提供したものではなく、盗掘されたものだという事実はぬぐいきれない。また、この人骨問題に関しては、遺族としての判断が問われるところである。最終的な補償は十分されるべきであり、遺族のわからない、引き取り手のない人骨を慰霊するにはどのような形が望ましいのか、今後議論されるべきだろう。すでにアイヌ人骨問題に取り組んでいる地域もある。*4

複合的女性問題

日本国内に多くの複合的な差別がいまなお残り、一方で格差社会が広がる。アイヌ女性への差別は民族的差別のみならず複合的差別を抱えている。暴力は肉体だけでなく、言葉にもよる。とくに言葉による暴力はアイヌ女性に強烈な痛みを心に残すことになった。言葉による暴力とは、たとえば、現在でも、アイヌ同士の結婚が否定されていることからうかがえる。差別はもうたくさん、「私の代で終わらせたい」「子どもには幸せになってほしい」と願う親たちの深い愛情があったがゆえに、アイヌの血が濃くなることは差別につながるという無言の教えと暗黙の了解ができ、自然にそれらがアイヌ女性の心に深く刻み込まれていくことになった。

＊4　歴史的な「アイヌの墓からの人骨盗掘」、「全国の大学に」ある「盗掘の結果収集されたアイヌ人骨の返還」が課題として提出されている。二〇〇九年五月の道東（釧路市阿寒町）での「アイヌ関係者」からの提言にも、「アイヌ語地名の普及、アイヌ民族への遺骨・副葬品の返還や文化伝承機関の設置などの文化・宗教・言語の権利」という形で、「返還」は求められている。

このように民族女性に対する言葉による暴力は、ステレオタイプによる暴力としてあらわれ、複雑でやっかいだ。

さらに、アイヌ民族の法的問題は、女性ばかりではなく子どもの問題も後回しになっている。人権の尊厳と権利回復が、国の政策によって——もっとも大切な作業であるが——実現に向け早急に動き出すことを望むが、これからは政治的、経済的、社会的、文化的のあらゆる分野で、男性と対等に権利を行使できるよう、マイノリティ女性をはじめとする複合的な差別を受けている女性たちが、情報の共有はもちろんのこと、連帯し、さらには国内に住む市民、海外の先住民族との連帯も強化しなければならない。そのためには、つねに女性たちのネットワークを築きあげなければならない。マイノリティ女性、複合差別を受けているあらゆる女性の権利回復のために、国内外に向けアピール行動やヒアリングの場をもつなど、声を発し続けなければならないし、さらにはエンパワーメントが重要になるだろう。

また、今日叫ばれている格差社会是正においては女性リーダーの育成、政治参加、若者育成、高等教育は重要だ。とくにアイヌからの日本政府への要求として、日本国からの謝罪、先住民族の自決権とそれに伴う政治的地位を決定するアイヌ民族審議機関の設置、マイノリティ女性の審議機関の設置、女性登用特別枠、女性自立支援などがあるが、それらの実現をめざすことはとても重要である。

5　多文化共生とあらゆる人たちにやさしい社会をめざして

当事者がアイヌ政策をつねに監視し、滞っている部分を速やかにすすめることが大切だ。お互いに持っている知恵や能力が発揮できるような場をよりいっそう作り上げていくことが、アイヌ民族の権利を得るためには必要になるだろう。

テーブルを広げアイヌ民族の各団体が共に協議し、それを国にあげ審議していくスタイルが、今後大変重要となるだろう。団体をあげると、アイヌの最大組織と言われる(社)北海道アイヌ協会や任意の団体である世界先住民族ネットワークＡＩＮＵ、樺太アイヌ協会、首都圏ではペウレウタリの会、東京アイヌ、関東ウタリ会などがある。

どの地域に住んでいようとも、アイヌ同士お互いを理解するだけでなく、多くの国民にアイヌ問題を広め理解をすすめるためのスタンスは、とても大きな意味をもつ。ひいては昨今叫ばれる、多文化共生や多文化主義がこの国で繁栄し、本来の民主主義社会を作り上げることにもつながるだろう。

日本が一四〇年前にアイヌモシリ（北海道）を植民地化したこと、アイヌ民族を日本人化したこと、すなわち土地を奪い、言語を奪い、文化、風俗、習慣を奪ったことの責任は重いのだということを十分論じていくべきだ。それは、アイヌと日本人との溝を埋めるために必要であり、さらには国民全体が共有すべき問題であろう。けっして敵をつくることでも、憎しみ合うことでもない。共に幸せになるために必要な道である。

幸せはどんな人間にも平等にもたらされると信じている。勇気ある声や行動で社会や世の中を変えていくことができる。明るい社会とは、子どもや若者が希望や未来への展望を持つことができ、お年寄りを労わることができる社会だ。このような社会とは、あらゆる人たちに優しい社会ともいえよう。そんな笑顔を交わしあえる社会に変わることが、アイヌモシリが平和になることといえるのではないだろうか。

先住民族の権利に関する国際連合宣言」の履行は、先住民族のみならずその他の人々や地球に　とっても、良いことである。先住民族が地球に、そして親族一人間だけではなく植物、動物、その他の全ての生き物に持続可能に配慮するやり方を続けられれば、これは全体への恩恵となる。我々が民族の言語を話し、この多様な文化を持ち続けられたなら、世界の文化遺産はより豊かになるであろう。我々の多様な経済的、文化的、精神的、社会的、政治的システムが支配システムと共存できれば、我々の子供に、そして次世代の子供に、さらに多様で希望に満ちた未来を残すことが可能である。

（「先住民族サミット」アイヌモシリ２００８の二風谷宣言から）

付属資料

アイヌ政策推進会議「民族共生の象徴となる空間」作業部会報告（概要）

（一）検討の経緯

（１）「アイヌ政策のあり方に関する有識者懇談会報告」における位置づけ

（２）作業部会における検討の経緯

（二）民族共生の象徴空間の基本的な考え方

（１）象徴空間の意義、必要性等

先住民族であるアイヌの尊厳を尊重し、我が国が将来へ向け、多様で豊かな文化や異なる民族の共生を尊重していくためには、アイヌの歴史、文化等の国民理解促進やアイヌ文化の復興・発展に関する中心的な拠点が必要。以下の極めて重要な複合的な意義を有する空間

①アイヌの人々の心のよりどころとなる空間としての「アイヌの人々にとっての意義」

②多様で豊かな文化を享有できる空間としての「国民」一般にとっての意義

③異なる民族の共生、文化の多様性の尊重等の国際的にも追求されている理念を実現する空間としての「国際的意義」

（2）象徴空間の役割

今後のアイヌ政策推進の中心的な拠点として、現行の施策や取組との役割分担等の観点から

①「広義のアイヌ文化の復興」の拠点

②「アイヌの歴史、文化等に関する国民の理解の促進」の拠点

③「将来の発展に向けた連携・協働の」拠点の役割を担う

（三）象徴空間の基本的な形態

アイヌ文化振興等に関するナショナルセンターとして、国の主体性の下、教育、研究、展示等を行う中核的な文化施設を核とし、併せて広大な自然空間の中で、フィールドを活用したアイヌ文化の実践・伝承活動や、体験・交流活動を中心とした様々なアウトドア活動が展開できるような自然体験型の野外ミュージアムを中心とした空間を整備。

三　具体的な機能等

（一）展示機能等

・アイヌの歴史・文化等を総合的・一体化的に紹介し、理解の促進を図り、各地域の博物館等のネッワークの拠点となる文化施設（博物館等）を、国立を含め、国が主体的に整備。

・展示機能を核として、調査研究機能やキュレーター、文化伝承者等の人材育成機能も併せ持たせる。

①アイヌの歴史・文化等の展示：注～内容等については抜粋

② 調査研究
③ 文化実践者、伝承者等の人材育成
（二） 体験・交流機能
（三） 文化施設周辺の公園機能
（四） アイヌの精神文化を尊重する機能
四　候補地（以下略）

●参考文献

福澤稔（ひだかたかし）『あいぬ病院記　炎となりて』北方群、一九九〇年
病院に三〇年間務め、アイヌの実態を目にして短編にして報告集として出版された。アイヌ差別を告発した書でもある。和人でありながらアイヌ解放運動をめざした福澤氏の生き方に共感できる。また、現代のアイヌの置かれている状況となんら格差がないところに気づく本である。

小笠原信之『しょっぱい河――東京に生きるアイヌたち』記録社、一九九〇年
北海道のアイヌ差別から逃げ出したアイヌの若者たちの大都会東京での暮らしや生き方が、語りを通してまとめられている。当時の先輩たちが苦悩して生きてきたことに、同族として感銘を受けた。中曽根総理大臣の単一民族国家発言を受け、東京在住の若者たちが行動を起こしアイヌからの解放が起きる。心に残る一冊である。

山本多助『イタクカシカムイ（言葉の霊）――アイヌ語の世界』北海道大学図書刊行会、一九九一年
アイヌの長老が語るアイヌ民族の自然観や世界観、または宇宙観を、アイヌ語を分解して示す。実に表現が豊かで面白い。癒される書。アイヌの心の豊かさが法螺によく似ていることにきづく。

更科源蔵／写真：川源一郎『アイヌの四季』淡交社、一九六八年
詩情あふれる名文と眼を見張るような傑作写真の昇華によるコタンの四季風物誌。この本との出会いによりアイヌ民族の自然との関わりが好きになった（古いので古書店で探してほしい）。

小野有五『自然のメッセージを聞く』北海道新聞社、二〇〇七年

先住民族を通しての作者の行動力あふれる魂を感じる。豊かな自然、たくさんの出会いのなかで作者の思いが貫かれている。自然と環境についてだけでなく、人間性の豊かさを教えられる感動の一冊。

第8章　眼差しを受け止める

影山あさ子

1　占領者に向けられる眼差し

暗闇の中で人や蒸気機関車が動くことに、人々は驚愕し、目を見張った。

フランスのリュミエール兄弟によって、最初に作られた映画は駅のプラットフォームに蒸気機関車が入ってくる情景や工場から仕事を終えた労働者が出てくる様子を映した映像だった。上映されたのは、一八九五年。

今見れば、何ということのない映像だが、写真が動くという驚きが、映画の始まりだった。人類が映画を手にして、まだ百年余にすぎない。

日本において、ドキュメンタリー映画の作家たちが、自ら作りたいものを作る条件を獲得してゆくのは、土本典昭や小川紳介といった作家たちが、自主製作・自主上映というスタイルを確立していった一九六〇年代以降のことである。観客たちが、お金を払ってドキュメンタリー映画を見ることによって映画製作を支える、という方法を作り上げていったのである。

映画作りにはお金がかかる。自主製作・自主上映より前は、日本におけるドキュメンタリー映画のスポンサーは、国や大企業などである。戦前、戦中であれば、啓蒙、戦意高揚、国威発揚を目的とした国策映画や従軍記録、ニュース映像である。一九三九年に制定された映画法により、製作や配給は許認可制となり、軍部による検閲がもれなく付いてきた。戦後も教育映画や産業映画、ＰＲ映画が、主たるドキュメンタリー映画であった時代が長い。

しかし、戦中の作品にも、ドキュメンタリー映画の傑作がある。亀井文夫が一九三九年に作った「戦ふ兵隊」である。この映画は、陸軍省後援で企画製作され、約五ヶ月間、中国・武漢作戦に従軍して撮影された。天皇の軍隊が、中国を侵攻してゆく。華々しい戦闘シーンはない。廃墟になった中国の街、黙々と行軍する兵士たち、荒野にたつ墓標、遺骨になった兵士のもとに、夫の戦死を知らぬ妻から届く手紙、やせ衰えた馬が崩れ落ちるように死んでゆく……軍部の検閲にひっかかるような文言は一切ない。が、完成当時、公開は許可されなかった（監督の亀井文夫も、一九四一年に治安維持法で検挙された）。

この「戦ふ兵隊」の中で、日本軍の兵士の姿と共に記録されているのは、中国の民衆の姿、中国の民衆の眼差しである。一言も発せず、行軍してゆく日本軍兵士をじっと見つめ続けている。「あなたたちは、なぜここにいるのか」と問うているように見える。戦場に占領軍と共におもむいたカメラが捉えるリアリティだ。

私も北海道に暮らして始めて三〇年近くたつが、同じ眼差しを折に触れ感じることがある。占領者・和人に向けられる、先住民・アイヌ民族の眼差しである。私が学生として北海道に暮らし始めた時も、また、映画を作るようになってからも、この眼差しとどのように向き合えばよいのか、なかなか答えは見いだせずにいた。

2　最初の映画：「Marines Go Home」

私が映画を作るようになったのは、二〇〇三年からである。きっかけは川瀬汜二さんだ。北海道の東にある陸上自衛隊矢臼別演習場のど真ん中に、暮らし続けた農民だ。矢臼別演習場は、南北一〇キロ、東西二八キロ、面積一万七千ヘクタール。別海町、浜中町、厚岸町の三町にまたがる日本で一番広い自衛隊の演習場である。

川瀬さんは、一九五二年、矢臼別に開拓に入った。一〇年後の一九六二年、ここに自衛隊の演習場が設置されることになったが、川瀬さんは、土地を売ることを拒否して、二〇〇九年に八一歳で亡くなるまで、この矢臼別演習場のど真ん中に暮らし続けた。「演習場の真ん中で暮らす農民」というと、いかにも「力の入った闘士」のように聞こえるが、実際の川瀬さんは、(身長一五二センチの私よりも、まだ) 小柄で、人前で話すのも苦手な、愛らしい、チャーミングなおじいさんだった。

一九九五年に沖縄で起きた少女暴行事件をきっかけに、「沖縄の負担軽減」を口実として、沖縄に駐留する米海兵隊の訓練が沖縄県外でも実施されることになった。矢臼別でも移転訓練が行われることになり、自衛隊の演習に加え、一九九七年からは、ほぼ毎年、沖縄に駐留する米海兵隊の実弾演習が行われるようになった。

「平和盆踊り」、「米海兵隊移転訓練反対集会」など、川瀬牧場に大勢の人が集まるイベントもあるが、普段は原野の一人暮らし。川瀬さんにとって、矢臼別は生活の場所だった。淡々と積み重ねられる川瀬さんの静かな日々の風景を見てみたい、川瀬さんの魅力をたくさんの人に知ってほしいと思っていた頃、十勝の新得町に住む映画監督・藤本幸久さんに出会った。「川瀬さんの映画を作ってほしい」と言ったら「あなたが作るんだよ」と言われた。「どういうこと?」と最初、その意味がよくわからなかったが、結局、一緒に映画を作ることになり、出来上がった映画が、「Marines Go Home」だ。(二〇〇五年に完成の後、二〇〇八年より新版で普及)。Marinesとは米海兵隊員のこと。Marines Go Home とは、海兵隊は早く自国に帰れという意味になる。北海道の矢臼別、沖縄の辺野古、韓国の梅香里(めひゃんに)……基地と隣り合わせに暮らす人々の暮らしと闘いを描いた作品である。

韓国の梅香里は、朝鮮戦争中の一九五一年、米軍が接収し、その後五〇年以上、米軍の射爆場とされてきた場所である。名前が示すとおり、春になると梅の香りに包まれる美しい村だったというが、米軍に海と陸を取り上げられ、火薬の臭いの漂う村にされてしまった。射爆場撤去の運動のリーダー、チョン・マンギュさんによれば、誤爆や不発弾で亡くなった住民は一二名。

浜からわずか一・六キロのノン島を標的に、夜も昼もなく演習が続く。ベトナム戦争の時、ノン島はナパーム弾で燃え上がった。イラクで使う劣化ウラン弾の射撃訓練も行われてきた。かつて三つあった島も、長年の実弾演習で一つになってしまった。

住民の長い努力が実って、梅香里の射爆場は二〇〇五年の八月に閉鎖された(閉鎖を祝う住民たちの喜びあふれる祝賀会の様子も映画に収められている)が、演習のない梅香里は静かで美しい。村人たちはずいぶん沖まで干潟を歩いてゆき、ノン島の近くで貝を掘る。射爆場がなくなったら「自然を生かした平和公園にしたい」とチョン・マンギュさんは語っていた。矢臼別の川瀬さんも演習場がなくなったら「馬や狐や鹿が、自由に遊ぶ公園にしたい」と話していた。基地や演習場をなくす闘いは、故郷の原風景と暮らしを取り戻す闘いなのだ、と思う。

沖縄の辺野古で、米海兵隊の新基地建設に反対する人たちも、辺野古のある東海岸には「沖縄の原風景」があるという。復帰後の開発で、沖縄本島の海岸の多くが姿を変えてしまった。辺野古のサンゴ礁の海は、とにかく美しい。ジュゴンも海草を食べにやってくる。この海があったから、食糧難の戦後も生き延びられた、とおばぁたちも言う。

ここに普天間基地の代替として新基地建設計画が持ち上がったのは一九九七年。私たちが撮影を始めた二〇〇四年は、海上でのボーリング調査のための作業が強行され、海の上に五つの作業櫓が組まれていた。しかし、一本のボーリングも行われてはいなかった。カヌーに乗り、作業ポイントの上に身を投げ出し、防衛施設局の作業船の前に飛び込み、櫓にしがみついて、毎日、作業を阻止し続けている人たちがいたからだ。

辺野古漁港からおよそ百メートル、柵の向こうが米海兵隊の基地・キャンプシュワブである。基地建設予定の海で、戦車とも船ともつかない迷彩色の水陸両用戦車が、走り回り、爆音と黒い煙を吐きながら上陸訓練を繰り返す。

ベトナム戦争の時は、沖縄から飛び立った爆撃機がベトナムの密林を焼き尽くした。イラクへと向かった兵士たちは、ファルージャ攻撃の主力となった。辺野古の浜に立つとよくわかる。辺野古に作られようとしているのは、普天間基地に代わるただの滑走路ではない。既存の基地と一体となった、大型艦船も接岸できる最新鋭の巨大な基地だ。次は、どこへ戦争に行くのか。

地元の住民も、日本各地から集まる人びとも「これ以上、人殺しには加担したくない」「美しい豊かな海を守りたい」……その一心で、辺野古の新基地建設を止め続けている。

北海道でも、韓国でも、沖縄でも、基地と隣り合わせに暮らすことを強いられた人たちは、基地や演習場への抵抗を日常の中にも強いられる。とりわけ、小さな島に米軍基地が集中し、在日米軍の再編計画の焦点、日本の未来を決める闘いの、常に最前線に立たされ続けている沖縄の人たちの負担は、幾重にも大きい。

沖縄の撮影でも、あの亀井文夫が描いた中国民衆の眼差しを意識せざるをえない瞬間がある。ヤマトに向けられる沖縄の眼差しである。沖縄を戦場にしたヤマト、住民を助けなかった日本軍。戦後もアメとムチで米軍基地を押し付けるヤマト、沖縄の苦しみを見ようとしないヤマト、また新しい基地を押し付けようとするヤマト、沖縄の文化も自然も消費するだけのヤマト、「基地反対」と言っても自分の都合でやって来て帰ってゆくヤマトンチュ……澱のようにたまった思いが何かの拍子に溢れ出し、それは私たちにも向けられる。

出会い始めたばかりの沖縄では、その眼差しに応える術はなかったが、長い付き合いになるであろうことを予感（覚悟）した。

3　アメリカへ

海兵隊に導かれて、北海道から沖縄へつながった私たちが、次に向かったのはアメリカである。私たちをアメリカに向かわせたのは、沖縄で出会った海兵隊員たちだ。沖縄で見かける米兵たちの多くは、とにかく若い。若いというより幼いと言ったほうがよいだろう。私たちが沖縄の撮影を始めた二〇〇四年は、イラクでの戦争の真っ只中だ。すでに何万人にもおよぶイラク人の犠牲者が出ていたが、その凄惨な戦場の景色と不釣合な駐留兵士の幼顔。彼らは、一体どこから来た誰なのか、なぜここにいるのか、またどこへ帰ればよいのか知りたいと思った。

折から日本では憲法改正の論議が激しく巻き起こっていた。声の大きな人たちは「日本は戦争ができる普通の国になるべきだ」と言う。しかし、それが日本に暮らす一人ひとりの人間にとって、どんな意味を持つことなのか、今ひとつ実感を持てずにいた。幸か不幸か、戦争体験を持ち合わせていないからだ。それならば……アメリカ人に聞くのがよいだろうと考えた。自分の国が戦争する国になったら、どんなことが起きるのか。アメリカ人に聞くのが一番だ。

アメリカへは、二〇〇六年から二〇〇八年まで、七回行くことになった。延べ二〇〇日の撮影から、三つの作品が生まれた。イラク戦争へ行った兵士とイラク戦争を拒否した兵士を主人公に描く「アメリカばんざい：crazy as usual」、米海兵隊のブートキャンプ（新兵訓練所）の新兵と訓練を描く「One Shot One Kill」、ベトナムからイラクまでアメリカ人の戦争体験を描く八時間一四分の大作「アメリカ：戦争する国の人びと」である。

ベトナムからイラクまで、戦争へ行ったたくさんの若者たちとその家族たちに出会った。戦争が日常と化したアメリカ社会で、人々は、本当に傷尽き果てていた。

取材を通じて、肌身に感じたことは、戦争や軍隊を支えるのは貧困だということだ。いつの時代も、若者たちは夢を見る。いい仕事をしたい、認められたい、社会の役に立ちたい、世界を見たい……しかし、アメリカでは、夢をかなえるために、大学卒業資格が必須だ。でも、大学に行くお金がなかったら……。軍隊へ行き、奨学金を得ることが、唯一、夢に近づく道に見えるのだ。

しかし、そんな命がけのギャンブルに勝てる者は少数だ。戦場から、運良く生きて戻れたとしても、心や体に傷を負えば、その治療が必要だ。自活して暮らせるまでの生活費、治療費、家、地域や家庭での居場所、職業訓練……そのうちのどれか一つが欠けても、暮らしは成り立たない。なにより、戦場で人を殺したら、もとの自分には戻れない。

私たちが取材したサウスカロライナ州パリスアイランドの米海兵隊ブートキャンプには、毎週、五〇〇人の入隊者がやってくる。深夜にバスで到着するや否や、教官たちに怒鳴り散らされながら一二週間の訓練に突入してゆく。

「返事は！」「Yes, Sir!」「声が小さい！」「Yes, Sir!」「叫べ！」「Yes, Sir!!!」深夜の基地に若者たちの悲鳴と絶叫が響く。最初に教えられることは、「口を閉じよ、疑問を発するな」ということ。髪を剃られ、制服に着替え、「私」という言葉を禁じられ、個性の一切と思考を放棄させられる。そして、卒業まで、何万回も同じ事を繰り返す反復訓練。一言で言えば、その教育は、①洗脳と、②人を殺せる肉体の記憶作りである。命令には、疑問を持たず直ちに従う人格形成と、考えなくても命令どおりに動く肉体作りだ。この非人間化のプロセスは、同時に、戦場で「敵」となる者を差別し、非人間化することを可能にする。

アジア太平洋戦争の時、日本人はジャップだった。朝鮮人やベトナム人はグーク（黄色い野蛮なもの）、イラク人はサンド・モンキー（砂漠のサル）、ハッジ（巡礼者）、あるいはラグヘッド（ターバン頭）。それらはみな、人間以外のものを意味している。戦場で兵士がグークやラグヘッドを殺す時、彼らは人間を殺しているとは思っていない。だから命令どおり、それらを殲滅することができるのだ。

しかし兵士もやがて気づく日が来る。戦場で自分に向けられたあの〝眼差し〟が人間のものであったことに。自分が殺したものが人間だったこと、自分に向けられた〝眼差し〟の意味を理解した日から、彼らの本当の苦しみ、一生終わらない地獄、抜けられない闇が始まる。

世界一豊かな国・アメリカで、国民の一〇〇人に一人、三〇〇万人はホームレスだ。そしてその三人に一人が元軍人だと言われている。ベトナム戦争に参加したかつての若者たちが、その最大人口である。還暦を過ぎた彼らが、今日も、路上で死に続けている。ベトナム以来、最大の戦争となったイラクとアフガニスタンに派遣された兵士は二三〇万人を超える。彼らの多くが、ベトナム帰還兵と同じ道をたどることになる。

強化される一方の日米の軍事的一体化、また、開き続ける日本社会の格差を思えば、アメリカの姿は日本の近未来に思えて仕方がなかった。仕事の少ない北海道では、自衛隊は大きな就職先だ。日本が戦争をする国になる時、また、あの〝眼差し〟の中を行軍するのは私たちの子供たちだ。子供たちの誰かが戦死するとしたら、あるいは、彼らが人を殺して戻ってくるとしたら、彼らを受け止め、支えることが、果たして私たちにできるのだろうか。

4　眼差しへの答え：「ＯＫＩＮＡＷＡ戦世」

二〇〇四年以来、沖縄の撮影も八年になる。

激しい阻止行動の後、二〇〇五年に当初の移設計画は撤回されたが、日米政府は「やっぱり辺野古につくる」と直ちに合意。日本を戦争する国にするのか、そうはさせないのか。瀬戸際の闘いは、今日も続いている。二〇〇四年四月から始まった辺野古テントでの座り込みも、二〇一二年七月に三〇〇〇日を迎えた。

二〇一一年の年末、辺野古新基地建設のための環境影響評価書が沖縄県庁に提出されるのを阻止するために、数百人の市民が県庁前に集まっていた。私たちのカメラもその中にいた。市民たちは、担当部局の前に座り込み、県庁の入り口では堂々と評価書を運んできた車両を止めていた。県外移設を求める全会一致の県議会の決議と意思、県内の全市町村の決議や民意に反しては、県も文書を受け取ることが出来ない。それを朝の四時に県庁の守衛室に投げ込んで逃げる沖縄防衛局の姑息。

仲井真沖縄県知事が評価書の受理を決めたことから、新基地建設への手続きは一つ進むことになった。政府は沖縄県に対し、年内にも公用水面の埋め立て許可を求める方針だ。知事は許可を出すのか。知事が拒否したら国はどうするのか。二〇一二年、在日米軍の再編、辺野古への新基地建設は最大の山場を迎える。

どのような未来を選び取ればよいのか。私たちは、これまで撮りためた映像を「♥沖縄＠辺野古、＠高江」（Love Okinawa ＠ Henoko, ＠ Takae）という作品にまとめ、今、全国各地を上映してまわっている。体をはって新基地建設を止め続けてきた辺野古、ヘリパッド建設を止め続けている東村・高江の人たちのことを映像を通じて、日本中の人たちに知って欲しいと思っている。

辺野古の住民、島袋文子さんは、「新しい基地ができたら、またウチナンチュが殺される。死ぬまで基地撤去を訴える」と一五年前から新基地建設反対を貫いてきた。文子さんの原点には、沖縄戦の体験がある。一六歳だった文子さんは、本島南部の糸満で戦争に巻き込まれ、幼い弟と目の見えない母親を連れて鉄の暴風の中を逃げまどった。多数の悲惨な死を目撃し、自身もガマの中で火炎放射器に焼かれた。「日本軍は憎い。天皇は許せない。ウチナンチュを助けなかったから。ウチナンチュを殺したから。ヤマトが基地を持ってきたからウチナンチュが死んだ」と文子さんは語る。沖縄のヤマトに向ける〝眼差し〟を受け止めるということは、基地をなくすという決意をもって立つということにほかならない。が、同時に、〝眼差し〟を受け止めるには、沖縄戦を見つめ直すことが不可欠だ。私たちは、二〇一一年から、沖縄戦の遺骨発掘の撮影を始めた。

発掘現場では日々、人骨や不発弾が見つかる。不発弾処理で道路が通行止めになり、住民が避難するのは、今も沖縄の日常だ。住宅地のすぐ裏の森や丘の斜面に、亡くなった時そのままの姿で今も眠る遺骨がいくつもある。減らない米軍基地、自衛隊の強化、新たな戦争のための基地建設、イラク戦争、アフガン戦争とアメリカの戦争に組み込まれ続ける沖縄。見えてくるのは、いまだ戦後の来ない沖縄の姿、終わらない戦争の時代だ。

辺野古で座り込みを続けるおじぃやおばぁたちの原点にある沖縄戦。辺野古に新基地ができたら、また戦争になる、孫たちが戦場に行くことになることをおじぃやおばぁたちは知っている。おじぃやおばぁの思い、〝眼差し〟に応える映画を作ろうと思う。タイトルは「ＯＫＩＮＡＷＡ戦世（いくさゆ）」。二〇一三年の完成を目指している。沖縄戦を生き延び、その後の沖縄を生き抜いてきた人たちの体験と記憶から、沖縄戦と終わらない戦争の時代を描く作品になる。

5　〝眼差し〟への答え：「海のアイヌ」

北海道に暮らす和人である私の宿題は、やはり先住民・アイヌ民族から向けられる〝眼差し〟

である。北海道に長く暮らせば暮らすほど、次第に居心地の悪さが募ってくる。表現を仕事とした以上、いつか向き合わなければならないことと感じてはいたが、何を記録していけば良いのか、私に出来ることなのか、わからなかった。

沖縄、アメリカと旅を続けてきたが、今、ようやく北海道で〝眼差し〟に向き合えると感じている。私たちが出会った人は畠山敏さんだ。二〇一〇年から撮影を始めた。タイトルは「海のアイヌ」（仮題）。

畠山さんは、オホーツク海に面した町、紋別の漁師だ。モペツコタンに生まれ育ち、一五の歳から七〇歳になる今日まで、イルカ漁など、海で暮らしをたててきた。一八七五年の戸籍簿に「幌内から湧別までの海岸筋、川筋、山奥までの一〇ヵ村九二戸三六一人を統率したアイヌ酋長」と記述されているキケニンパ（後に大石蔵太郎と改名）が、畠山さんの祖先にあたる。ずっとこの場所で暮らしてきた人なのだ。

畠山さんは一八年前から、鯨を採る権利をアイヌ民族の権利として復活せよと運動を続けてきた。過酷な歴史の中で、習慣や文化が破壊されるまで、鯨はオホーツク沿岸のアイヌ文化の中心にあったものだと言う。不当に奪われた権利を回復し、捕鯨を復活すれば、生活も変わり、文化も自ずと復活するのではないかと、考えたのだ。

しかし、そんな畠山さんも、アイヌとして生きることを選んだのは五〇歳を過ぎてからだった。いじめや差別にさらされるアイヌが嫌で嫌で、アイヌをやめたいと思っていたと言う。北海道ウタリ協会（現アイヌ協会）紋別支部長だった父親から、漁業経営とともに支部長の役職を（仕方なく）引き継いだ後、アイヌ民族の歴史や文化を学び直す中で、改めてアイヌとして生きることを選び、アイヌとして生きるために必要なものを取り戻そうと決めた。どうせなら一番大きなもの、鯨だ。

鯨を捕る権利とともに畠山さんが今求めているのは、紋別を流れる藻別川流域の資源管理権とオホーツク海の深海底資源の活用権だ。いずれも未利用資源である。既存の利益・利権の割譲を求めるのではなく、まず「使ってないものから、返してもらいたい。そこから人間と鯨、海の生き物との持続可能な関係を作り直し、民族の自立・自活の足がかりとしたい。みんなが暮らしていけるようにしたい」というところに、畠山さんの思いはある。

二〇〇八年の国会決議で、日本政府もようやくアイヌ民族を「先住民族」と認めることになったが、アイヌ民族生存捕鯨については、いまだ前向きな回答はない。

畠山さんが資源の管理権を求めている藻別川の上流では、二〇一〇年から産業廃棄物処理施設の建設工事が進められてきた。「これ以上、川を汚さないでください」と畠山さんも訴えてきたが、工事は終わり、施設も完成した。

二〇一一年三月の東日本大震災では、これまでイルカ漁の拠点としてきた三陸沿岸の港が壊滅、岩手県大槌町で暮らしていた畠山さんの娘さん一家も、津波で亡くなった。そして福島原発事故。放射能汚染の問題は、日本近海で操業する漁師ならその影響を免れることは難しい。畠山さんが鯨を捕る日まで、一緒に悩みながら撮影を続けてゆこうと思っている。

6　「映画とは希望を描くもの」

亀井文夫の捉えた〝侵略者に向けられる眼差し〟。日本人であり、和人であり、ヤマトンチュである「私」は、この〝眼差し〟から逃れることができない。歴史的に作られてきた〝眼差し〟からは逃れられないけれども、〝眼差し〟への答えを探しつつ映画を作り続けたい。

つらく悲しい現実を記録することがドキュメンタリーだという思いこみを打ち破りたい。私にとってドキュメンタリー映画をつくるということは、人々とともに未来につながる希望を探し、その過程を記録するものです。「人の世に熱あれ、人間に光あれ」、映画はいつの時代も希望を描くものです。

映画「Marines Go Home」が、山形国際ドキュメンタリー映画祭で上映された際に、藤本幸久監督がカタログに寄せた言葉だが、私たちが映画を作る際の共通の思いだ。

映画に何か力があるとすれば、それは「心が動く」ということだ。「心が動く」ということは「人が変わる」ということにつながる。私たちの映画に登場する人たちに共感し、どうすれば共に生きてゆけるのか、考え始める人たちが一人でも多く生まれることを願っている。

●参考文献・映画

映画「Marines Go Home 2008」・「アメリカばんざい：crazy as usual」（以上、二〇〇八年）、「アメリカ：戦争する国の人びと」・「アレン・ネルソン　ベトナムの記憶」（以上、二〇〇九年）、「One Shot One Kill」（二〇一〇年）、「♥沖縄@辺野古、@高江」二〇一二年、ＤＶＤシリーズ〝原発震災ニューズリール〟

以上の映画は影山あさ子・藤本幸久製作。詳細は、「森の映画社・札幌編集室」（http://america-banzai.blogspot.jp/）からご覧いただきたい。

土本典昭監督、映画「水俣――患者さんとその世界」一九七一年

土本典昭『わが映画発見の旅――不知火海水俣病元年の記録』筑摩書房、一九七九年（日本図書センターよ

り再刊）

小川紳介監督、映画「ニッポン国 古屋敷村」一九八二年

小川紳介『映画を穫る——ドキュメンタリーの至福を求めて』筑摩書房、一九九三年

佐藤真監督、映画「阿賀に生きる」一九九二年

佐藤真『ドキュメンタリー映画の地平——世界を批判的に受けとめるために』凱風社、二〇〇一年

戦後の日本ドキュメンタリーを知るうえで、必読・必見の基礎知識として、まずは以上の三人の作品と著作を。

Ⅲ部 アイヌモシリの開発と脱開発

第9章　出会い直しの時代へ
――アイヌと日本人の新たな出会いを求めて

結城　幸司

プロローグ

言葉が流れ行く　　縦横無尽に　　数多くの言葉が　　電波の中で流れゆく
責任のある言葉か　　悪意のある言葉か　　希望のある言葉か
人々は選ぶ暇もないくらいに、心を練る暇も無く　　携帯電話に意識を傾け
ネットの中に流れゆく言葉に囚われてゆく
私は例外か　　アイヌも例外か　　いいや　　少なくとも私は囚われている
昨日までの常識が　　今日の事件につながる　　加速度を増し　　時代は移り変わる

1　奪われたものは何か

この国は、アイヌ民族に対して差別の代償に「保護政策」という名の法律を与えた。「北海道旧土人保護法」[*1]、この特別法の特徴は、アイヌという特定の民族だけに向けられて作られたことである。法の下の平等をうたい、すべての国民に等しくと言っていたはずの法律が、私たちの先祖の生

＊1　一八九九年に制定された植民地法。一八七一年の戸籍法に「平民」に編入されたアイヌ民族は、七八年に、ヤマト民族と区別するため「旧土人」と呼ぶことが決められた。この法律は、「異民族」としてのアイヌ民族に農耕や教育を促進し、同化を強制することを目的として制定された。一九九七年にアイヌ文化振興法が制定され、ようやく廃止された。

き方も風習も変えるために存在した。この法律によって、アイヌに土地も与えられた、農業も促進された。しかし狩りは禁止された。先祖からの伝承を引継ぎ、カムイを意識しながら生きることは無くなった。

土地とは、大地とは、カムイ（神）である、森も川も海も空も。かつてアイヌたちはそのカムイを所有していたか。答えはNOである。大地は、自然は、恵みを与えてくれるもの。生きるために必要な、学びも、風習も、掟も生んでくれるもの。アイヌとは、そのカムイに対する心で成り立つものであり、生き方の総称であると、僕は考えている。

大地は、自然はどうなった。大地はカムイでなくなったのか。それは、人間から人間へお金で売り買いされるものになった。カムイはどこへ行った。食べ物はどうだ。カムイ（自然）の恵と考え、季節ごとそのさまざまな恵みに感謝して成り立っていた。儀式は、精神はどこに行った。そして生きるために生まれてきた知性はどこにある。

衣食住の中にアイヌ文化は存在する、といっても、現代でそれはむずかしい。私たちの日々の生活の中で、そのカムイとの距離感は遠い。衣食住を得るための緊張感も、その中に生まれる伝承も、今では間に経済が存在するといっていいのかもしれない。次々と生まれ来るアイヌの血を引くものにとって、もうそれは当たり前の世界。

アイヌも日本人になることが近代化である、それがアイヌの幸せであると、「北海道旧土人保護法」が制定された当時、私たちアイヌ民族に意見を聞くこと無く、皇民化が進んだ。もともとコミュニティ、コタン（集落）で生きるのが、アイヌたちの生き方だった。そのような状況は、アイヌ民族を日本人化させてゆくには好都合だったであろう。コタンを単位にして暮らしているので、いからだ。

より大きな集団、たとえば国（アイヌ民族の国）と国（ヤマト民族の国）という対立構造にはなりにく

「北海道旧土人保護法」によって、旧土人学校が設置され、そこで一方的な日本語教育も始まった。今でこそアイヌ文化を振興するという目的をもった「アイヌ文化振興法」[*2]などという法律が存在するが、北海道旧土人保護法からアイヌ文化振興法までに一体どれぐらいの時間がすぎて、一体何世代が各時代を生き抜いてきたのだろう。

そして時代は変容してゆく。それこそ日本文化だって原型をとどめてはいないだろう。時代が変わっていくなかで、一番被害を受けたものはなんであろう。アイヌ文化か？　いや僕は自然だと思っている。日本人も持っていたであろう自然への敬意が失われていく。人間が自然を勝手に売り買い、経済のために見下されてゆく自然の姿。自然への畏れを失った我々。そうしないと生きてゆけない状況で、人は経済を崇めた。

2　アイヌに突き刺さる言葉

人は自然との接点を失ってゆく。ではアイヌ文化はどうだ。この時代、この現況で生きなければならないため、アイヌ文化も変容せざるをえない。私たちアイヌが一生懸命に先人から学ぶことを選択しても、現状ではそれを続けることができない。

そんななかで、「アイヌはだらしない」「一度もまとまったことがない」「ほかの先住民と違う」など、さまざまな言葉が今を生きるアイヌに突き刺さる。

＊2　一九九七年に制定された「アイヌ文化の振興並びにアイヌの伝統等に関する知識の普及及び啓発に関する法律」の略称。第一条で「アイヌの人々の民族としての誇りが尊重される社会の実現を図り、あわせて我が国の多様な文化の発展に寄与する」と目的を掲げ、国と自治体に文化振興施策の推進を課している。基本計画を立てる自治体を北海道と定め、業務を進める財団を設立した。しかし、アイヌ民族の先住権にはまったくふれず、「文化」だけに限定したため、アイヌ民族からの批判も多い。

「日本人がこういう状況をつくったんじゃないか」「日本が悪い」「国が悪い」「政治が悪い」。アイヌ民族の差別体験を差し出すことで、「日本が悪い」ことは、わかりやすく浮き彫りになる。そして心ある日本人は心を傷める。

しかし、それで何が変わる。差別は無くなるか。理解は促進できるのか。実際、何が変わってきたのか僕にはわからない。国際的に、先住民族に対する国策は常識になってきている。人権を語れる土壌もできてきた。先住権という逆風も吹いてきている。

アイヌは変われる、そういう希望も湧いてくる。僕のなかにもそういう希望は湧いている。そのなかで僕は、ある宗教団体の差別撤廃のための取り組みに二年間同行しながら、北海道各地のお寺で人権啓発のためにさまざまな人とのふれあう機会を与えられた。そして、僕は打ちのめされた。そこでは「差別なんかなかった」「アイヌの純血はもういない」「今更なんでアイヌなんだ」などの言葉が出てきた。一番多い答えは、「アイヌのことを全然知らない」だ。

これが答えなのだ。ここにも時間経過、時代の変容の現実は入り込む。

3　出会い直しを求めて

アイヌと日本人はこの北海道において出会えていない。アイヌも本来の自分たちの姿に出会えていないのだ。そして経済依存はもう誰にも逃れない現実となった。今もなお自然も人間もその姿は、変わり続けている。

僕は、アイヌ民族に対する経済的優遇措置より、かつての政策、北海道旧土人保護法を作った時代の現実を、多くの国民にひとつの歴史として国が語るべきと、この一点を訴えている。国が謝罪をすべきだとも訴えている、北海道旧土人保護法の時代に生きていた世代への謝罪である。

生存者はいないかもしれない。しかしこの時代までに失われたものは計り知れない。たくさんの想像力や伝承が奪われていった。日本国民の無理解によって傷ついたアイヌ同胞も少なくないはずだ。そんななかで、非暴力で、我慢することで、時代を生き抜いた同胞も少なくないであろう。その事実を公表して欲しいのだ。それを謝罪と言うかどうかについては、今も考えを重ねている。

しかし、アイヌの先人たちが間違っていなかったという事実を、今を生きる人たちが受取り、多くの日本国民がそれを理解したときに回復するアイヌ文化の体力は計り知れない。それは、アイヌ民族が経済的なものを簡単に受け取ってしまうよりも、未来に誇りを取り戻すきっかけに成ってゆくはずだ。僕は、その時あらためて日本人とアイヌは新たなる出会い直しが始まると思っている。

アイヌは自分たちの基になっている自然との関係性を考え直さなくてはいけない時期に来ている。世界も近代のあり方を、環境破壊の現実を考え始めている。僕らが先人の持っていた自然との共生の叡智を理解してそれを学び、そしてその叡智を日本国民と共有したとき、近代の科学との正しい融合があったとき、敬意を持ち合う時代が始まってゆくと信じている。

4　新しい神話が必要だ

出会い直しの時代を始めなくてはいけないのだ、神話の時代との出会い直し。

こんな事を書くと非現実的と笑うだろうか。では現実はどうであろう？　世界ではいまだに戦争を繰り返し、過去の反省もそっちのけで命を奪い合っている。この現実が我々の進化で、この現実が我々の平和であろうか。経済主導のために核を作り続け、新エネルギーと華々しく宣伝文句を広め、安全とエコロジーを主張していた日本の現実は、今となっては悪夢にすぎない。それこそ安全神話の本質を見たのではないのか。

人間という言葉は「人の間」と書く。なんの間であろう、人と人なのか？　人と人の間にあるものは、戦争と経済活動と環境破壊なのか。いま大人たちはそれを黙認している。経済を司るものこそ勝利者と子供を教育する。勉学も科学も経済の方向に進路を向けている。お金を稼いで行く世界を豊かさと思っている。私たち現代を生きる先住民族もその方向を向いていないよ、と誰が言えるのか。

イヌイット、トウリンギット……先住民が自分たちを示す言葉の多くは、「人」という呼び名を用いる。アイヌも「ひと」であり、「人間」で使われる「間」という言葉は見当たらない。それを当てはめて考えるならば、アイヌとは自然界から見た人なのだ。つまり人だけの世界観からだけで物事を考えない、ということだ。

先に述べたように、衣食住の中に恵みを感じるからこそ神々に囲まれた暮らしとなる。神の存在を感じたとき人間はその世界を犯さない。経済活動や戦争はそのタブーを犯し、バランスを崩してきた。その結果が今の現実なのだ……子供たちの目が輝きを失うことで大人になる現実、自然を意識しないで生きることの現実。

アイヌの中でも、「今更アイヌか」という言葉は伝承されてゆく。アイヌ民族が保ってきた文化や知恵を認めたくても、現実の社会には、我々アイヌの誇り高い先人が自分たちが生きてきた姿を垣間見ることがなかなかできないのだ。

文字を用いなかった私たちの先人の現実は、文字を用いて戦争を肯定してきたこの現代に埋没してゆく。残酷にもその上に時は重なってゆき、人々はそれを現実と呼ぶ。しかし、文字を用いなくても誇り高く生きることはできるのではないか。私たちアイヌの先人が、何百年も文字など持たずに、コミュニティで生きてきた真実。「国」にしなくても、アイヌ社会が成り立っていた現実。こうした真実と現実をアイヌは築いてきたではないか。その支えはなんだったんだろう。

僕は神話であると思っている。神話を信じる力の中に、自然を感じ思考する中に、現実を支える気力が生まれ続けたのだと想うのである。

では今なぜ神話が生まれないのか。子供たちは自然というものを、感情を込めて考えることを失ってゆく一方である。僕はこの現実の中に挑んでゆくことに決めた。笑われても、蔑まされても、挑んでゆこうとおもっている。それが人と自然を繋いでゆく事を夢見ながら、この現代から挑んでゆく。

その試みとして、医療廃棄物に苦しむ地域からの訴えをもとにした「七五郎沢の狐」という物語を作り、他の命を考えない人間のエゴを物語にした。この物語は、やがて仲間を得て現代手法のアニメーションとして制作されている。

人間が野生生物の居住区を奪い続けたため、熊が食べ物を求め、人間の世界に現れてきた現実を物語った「去年の熊の物語」という語りもつくった。

もともとあった神話に基づいて、それと現実の出来事を重ね、人間はほかの命を奪いきって生きてきたことを示す「ホロケウカムイ（狼）の語り」という物語を、二〇一一年一二月にフランスのルーブル美術館で披露してきた。

そして福島第一原発の破滅的事故の直後、この現実は人間界だけのことではないと言いたくて「白いフクロウ」という物語をつくった。その物語を読んでほしい。

しろいふくろうになったカムイのお話

私が目覚めるとなんだか空のカムイの様子がおかしい。

樹の祠から空に向かい私はその理由を空のカムイに聞くために近づいて見た。

フームフームバサッバサッ
「偉大なるカントコロカムイ（天の神様）よ貴方ほどの神がいったい何を嘆いてなさる」

カントコロカムイは言った。

「森を見守り森を愛してやまない梟のカムイよ、あの山のおくの山の向こうの方で人間の作りし火の産む化物が暴れて暴れて仕方ない、雨を降らそうが風を吹かそうが怒りを沈めんのじゃよ」と言った。

見てみると向こうの山のほうで白い煙をあげ空のカムイを追い上げるように激しく音をたて火をはく何かの様子が見えた、梟のカムイは恐ろしかったが勇気を振り絞りその山の向こうに飛び立つ決意をし、そこに向かった。

しばらく梟のカムイは飛んだ。

疲れたので途中の森に羽を休める為に森の中の桂の樹に降り立つとその樹のカムイが梟のカムイに話しかけてきた。

「これはこれは遠くの森を見守る梟のカムイさま、遠路遥々来ていただき有難うございます」

「空のカムイが困っていたので、あの煙を上げている所まで出向くつもりなのだが…」

すると桂の樹のカムイが

「おやめなさい、あそこにあるモノは皆もう毒にまみれていますよ、行くのはおやめなさい」

どういう事だと聞き返すと
「人間たちは、いつしか自分たちの事だけ考える様になり夜も眠らない街をつくり、森を切り刻み、火の神をも自分達で造れると考え違いをおかし合わせてはいけない神々たちを掘り起こし引き合わせていかりに触れてしまった」

桂の樹のカムイは続けた。

「カムイ同士は喧嘩をしてしまい、人間はなだめる事もできずにその喧嘩で流れた毒の咳、毒の血をあたり一面に撒き散らしたのです、咳は風に混ざり、血は土から水に混ざりおかげで…」

「私に染み込んでいる水や空気の神様たちの代弁をさせていただきたいのですが…」梟のカムイが黙って首をたてにふった。

桜の樹のカムイは美しい花びらを散らしながら心から話した。

「水のカムイの言うことには、私たちはあの喧嘩さえ止めて下されば、時間がかかっても新しい水を運び命の繰り返しに力を貸す事が出来ます、新しい水に毒が混ざらなければ木々を育て空気を作って行けます」

桜の樹のカムイは続けた。

「その事によって生き物みな命の循環を繰り返しやがてもとの姿にもどるでしょう。しかし喧嘩を止めず今までの様に人間しか住んでないように振る舞うなら、森の命は尽きて行きます」

桜の樹のカムイは花を散らしながら心から話した。

梟のカムイは考えた。

「昔のように言葉を超えて私たちの心を受け取るモノが今の人間に居るのであろうか…」暫く考えて梟のカムイはフームフームバサラバサラと桂の樹から飛びだった
桂の樹のカムイは梟のカムイを見て「ソッチは喧嘩をしている方向ですよ」と言うと
梟のカムイは「私に考えがある」とカムイの喧嘩する森へ飛びだって行った。

フームフームバサラバサラ

近づくとカムイたちの喧嘩は、激しかった。

毒の咳を吐き毒の血を撒き散らしていた。

もはや梟のカムイの言葉など聞く様子もない。

「やはりな…仕方あるまい」梟のカムイは天を仰ぎ見た。

「太陽のカムイよ…」と言って天高くバサラバサラと飛びだった。

梟のカムイは太陽のカムイに近づいた、とても熱かった、いやもう火がついてしまった。

太陽のカムイが言った「梟のカムイよそんな思いまでしてなぜ私に近づいたのだ」

梟のカムイは太陽のカムイに言った。

「もう昔のように人間たちの世界では、私たちの声を聞くものがいません、だから私は姿を変えて目につくカタチで間違いを訴えたいのです、さぁ太陽のカムイよ、どうか私の姿を変えてください」

必死な梟の言葉に
「わかった」と梟の体を真っ白な姿に変えて赤い輝く目を与えた。

梟は先祖から受け継がれた模様を無くす事に悲しい気持ちだったが
「ありがとうございます」と言って。

空に大きく円を描きバサラバサラと羽を三度鳴らすと喧嘩するカムイ目掛けて急降下した。

あいも変わらず興奮覚めやらずカッカッと温度を上げている。

「人間が自然界から化け物造りだしたな。なんと罪深き事だ」と呟くと梟は毒の血を呑み
「ふぉぉぉっ」と声をだし羽を思いきり広げた。

そして喧嘩するカムイの場を飛びだって上空で旋回した。

「この姿を見よ、この苦しみの声を聞け、もの言わぬ自然界の苦しみをこの私の中に取り込み人間に見せつけてその本当の事を知ってもらうぞ」

梟のカムイは力の限り人間の街の上を休む事なく何日も何日もわざと目にとまるように飛び回った。時間が経過するとその事は人間界の話題となり白い梟の話を皆がするようになった。

「神の啓示だ」とか「なにか意味があるんだ」とか人間は言うようになった。

しかし何日も飛び続けた梟のカムイは体に入れた毒のためもありフラフラになっていた。

「最後に私のこの姿をみて総てを知る人間に会わなくてはダメだ」梟のカムイは空から探した。

でも誰一人としてそんな人間はいないように見えた。

「あきらめてなるものか…」と言ってはみたもののもう力は使い果たした。

空から梟のカムイは落ちて行くと向こうから薄紅色の風がやって来て梟を抱き抱える様に包み混んだ、あの桜の樹のカムイの花びらが春の風に乗ってやって来たのだ。

桜の樹のカムイの声が聞こえた「ありがとう」

梟のカムイはゆっくり目を閉じた。

すると太陽のカムイも金色の涙を流しその涙も梟のカムイを取り巻いた、美しい渦になりゆっくりと梟のカムイを地上に運んだ。

人間たちはその光景を見た、見たことのない光景だった。

梟の近くに行くと花びらに抱かれるように白い梟が死んでいた。

ある人間が言った「神など居ないと思っていたよ」

違う人が言った「俺たちのかわりになってくれたんだよ」

「やっぱりあの原発は、すべての命を脅かすんだよ、この梟が教えてくれたんだよ」と言っていた。

白い梟のカムイは目と目の間から魂となり人に見えない姿になりその光景を見つめた。

「私のその体を調べなさい。毒の体を調べて役立てなさい」と呟いた。

何人かの人間がその声無き声を聞いたようだ。

見えない私を見ようとしている。

魂になった私はゆっくり空に吸い上げられて行く。

詩を謡った「銀の風が吹く時代をつくりなさい、命の声を聞きなさい」「金色の雨を感じなさい、命の詩を謡いなさい」

と天に召されながら梟のカムイは語ったとさ。
この話は過去にあるのか未来にあるのか。
それは私たちの考え方次第と梟のカムイは人間に託しましたとさ。
おわり

（二〇一一年四月制作）

私の文章は稚拙かもしれない。後にこの物語を語る人がいるとしたら、もう少しうまくやってほしいこの物語には著作権などつけない。みんなの中に少しでも響けばいいと思っている。ただひとつだけ私には欲がある。アイヌ語で語れるようになりたい。しかし日本語教育の中で育てられ、そのシステムを普通と考えて行かなければならない現実がある。日々の暮らしの中でアイヌ語を話し続けることのできない現実。自分の努力不足を悔やみながらも、アイヌ語で語るところまで行けないでいる現実がここにある。

ネットやマスメディアの余分な栄養を吸い込みながら呼吸している現実もある。だけど、自分の立ち位置はアイヌの文化に置いていたい。出会い直しを繰り返し繰り返し、現実と向き合いながら繰り返し繰り返し、神話をつくり出してゆきたい。

●参考文献・映画ほか

藤村久和『アイヌ――神々とと生きる人々』小学館、一九九五年
精神文化、とくに死生観からアイヌ文化の霊的な自然との関わりを詳細に書いてある。

別冊太陽編集部『先住民――アイヌ民族』平凡社、二〇〇四年
とてもバランスよくアイヌの世界を特集している。知里幸恵、バチュラー八重子さんなど近代のアイヌにつながる記事もよい。

小松秀樹監督、映画「カムイと生きる」二〇一一年
現代のアイヌという生き方を無理なく描いている、ひとりのアイヌが東京で生き抜くとき大きな友情の輪が広がってゆく。伝承とは生き方だって事を教えてくれる。

ニキ・カーロ監督、映画「クジラの島の少女」二〇〇二年
現代における先住民の伝承とは、神話とはなんであろう、神話を通じて精神性を取り戻す少女の姿、マオリの映画。

安東ウメ子「ウポポサンケ」CHIKAR STUDIO、二〇〇三年
たとえ現代的な音楽がアイヌ音楽を変えようともこのフチ（女性の長老）は心をアイヌ文化において歌っている。

第10章　フェアトレードのローカルイニシアチブ
——グローバル化へのグローカルな挑戦

萱野　智篤

1　はじめに

日本の食料自給率四〇％弱の数字に表れるように、今私たちの日常生活は食・衣・住、そしてエネルギーを含むすべての分野において、国境を越えてヒト・モノ・カネが移動するグローバル化の中にある。元々希少な資源を共有してこの地球で共生することを宿命とする人間にとっては、このグローバル化の中で、どうやって、平和に共生することができるのか、公正な関係を実現できるかは、喫緊の課題である。

自由貿易を旗印として掲げ、新自由主義をその思想的背景として世界を席巻するグローバル化の荒波にもまれつつ、お互いに人間らしい暮らしができる公正な関係を、モノの取引を通じて実現しようと、ヒトとヒトを結びつけているのがフェアトレードである。フェアトレード運動は、世界に根強く存在する格差と貧困をモノの取引を通じて解決する世界的な運動として着実に拡大と深化を遂げつつある。では、フェアトレードは、どのように定義され、どのような主体がそこに関係し、どのような活動を繰り広げているのだろうか。そして、この運動は、どのようにして平和を作り出することに貢献できるのだろうか。

本章ではとくにフェアトレードに関わるさまざまな動きの中でも、フェアトレードタウン運動を始めとするローカルなイニシアチブに注目する。フェアトレードタウン運動は、二〇〇〇年にイギリスの小さな町ガースタングで始まったが、わずか十年余りの間にすでに世界一九カ国で一〇〇〇を超える自治体がフェアトレードタウンを宣言している。日本でも、熊本、名古屋、札幌をはじめとする各地でフェアトレードタウンをめざす動きが始まっており、二〇一一年三月にはフェアトレードタウン運動を推進する全国的なネットワーク組織として、社団法人フェアトレードタウンジャパンが設立され、日本独自のフェアトレードタウン認証基準が確定した。そして、六月にはこの基準に基づき、熊本市が、世界で一〇〇〇番目、アジア初、日本で初めてのフェアトレードタウンとして認定された。

本章では、これらの動きの中に、経済のグローバル化が進む中でローカルな地域の課題がグローバルな課題と不可分な関係に置かれていることを自覚しグローバルとローカルを結んで人間的な絆を作り出そうとする模索が行われていることに注目する。そこでは、大企業を中心に進められるグローバル化に対して、国境を越えてローカルな地域同士が結びついてお互いの力を取り戻そうとする、グローカル化への挑戦が始まっている。アイヌモシリ北海道におけるこの運動の将来の可能性を考えたい。

2　フェアトレードの定義

戦後世界の中で、南北問題解決に向けた草の根レベルの取り組みの積み重ねの中で発展を続け、さまざまな組織・団体・制度そして四〇〇〇種類を超えると言われる商品を生み出してきたフェアトレードだが、これらの動きを共通の定義でくくるとするとそれはどのようなものとなるのだろうか。

フェアトレードの定義については、世界の主要なフェアトレードネットワークの連合体FINE（FLO：国際フェアトレードラベル機構、IFAT：国際フェアトレード連盟、NEWS！：欧州世界ショップネットワーク、EFTA：欧州フェアトレード協会の頭文字を取った緩やかなネットワーク）が二〇〇〇年に公にしたフェアトレードの定義がしばしば援用される。[*1] それは、

> フェアトレードとは、対話と透明性そして敬意に基づく、貿易におけるパートナーシップであり、国際貿易においてさらなる公平の実現を目指す。フェアトレードは、特に南の恵まれない生産者と労働者により良い交易条件を提供し、彼らの権利を確立することによって、持続可能な発展に貢献する。フェアトレード組織は、消費者の支援を受けて、生産者を支援し、従来の貿易の規範と実践を変えることを求めて世論に働きかけることに積極的に取り組む。
>
> （原文より筆者訳）

というものである。

この定義においては、フェアトレードが、①フェアトレード組織・団体と主に南の恵まれない生産者・労働者との対話と敬意に基づくパートナーシップとされ、②これらの団体は消費者の支持を

＊1　くわしくは、渡辺龍也『フェアトレード学——私たちが創る新経済秩序』（新評論、二〇一一年）第1章参照。

得て生産者の支援に取り組み、③国際貿易をより公正なものに変えてゆくことをめざすことが語られている。

これらの要素は、認証制度に関わる組織、およびそれ以外のフェアトレード団体にも共通している。世界のフェアトレード団体の連合体であるＷＦＴＯ（World Fair Trade Organization、世界フェアトレード機構）においては、これらの要素がさらに一〇原則として、フェアトレードに関わる団体が実現すべき項目として示されている。これらを短くまとめると、①小規模生産者への支援、②透明性とアカウンタビリティ、③長期契約、前払い、④公正な価格の設定、⑤児童労働・強制労働の禁止、⑥非差別・男女平等・労働基本権、⑦健全な労働条件、⑧能力強化（エンパワーメント）、⑨フェアトレードの推進、⑩環境の保全となる。フェアトレードもモノ（商品）の取引に関わる点ではビジネスの一種と言えるが、これらの原則は、フェアトレードの独自のビジネススタイルを示したものとも言えるだろう。

関係主体とその構造

今日のフェアトレードに関わっている主体にどのような人々・団体・組織・制度があるのかを一覧するのは難しいが、先程のＦＩＮＥの定義を手掛かりにすると図1のような多層構造の輪を考えることができよう。

この図の中心にあるのは、対話と敬意に基づくパートナーシップで結ばれた途上国の生産者とフェアトレード団体である。フェアトレード商品はこの輪の中心で生み出される。このフェアトレード商品とそのメッセージを最終購買者である消費者に届ける役割を担っているのが、この中心

図１　フェアトレードの関係主体とその構造

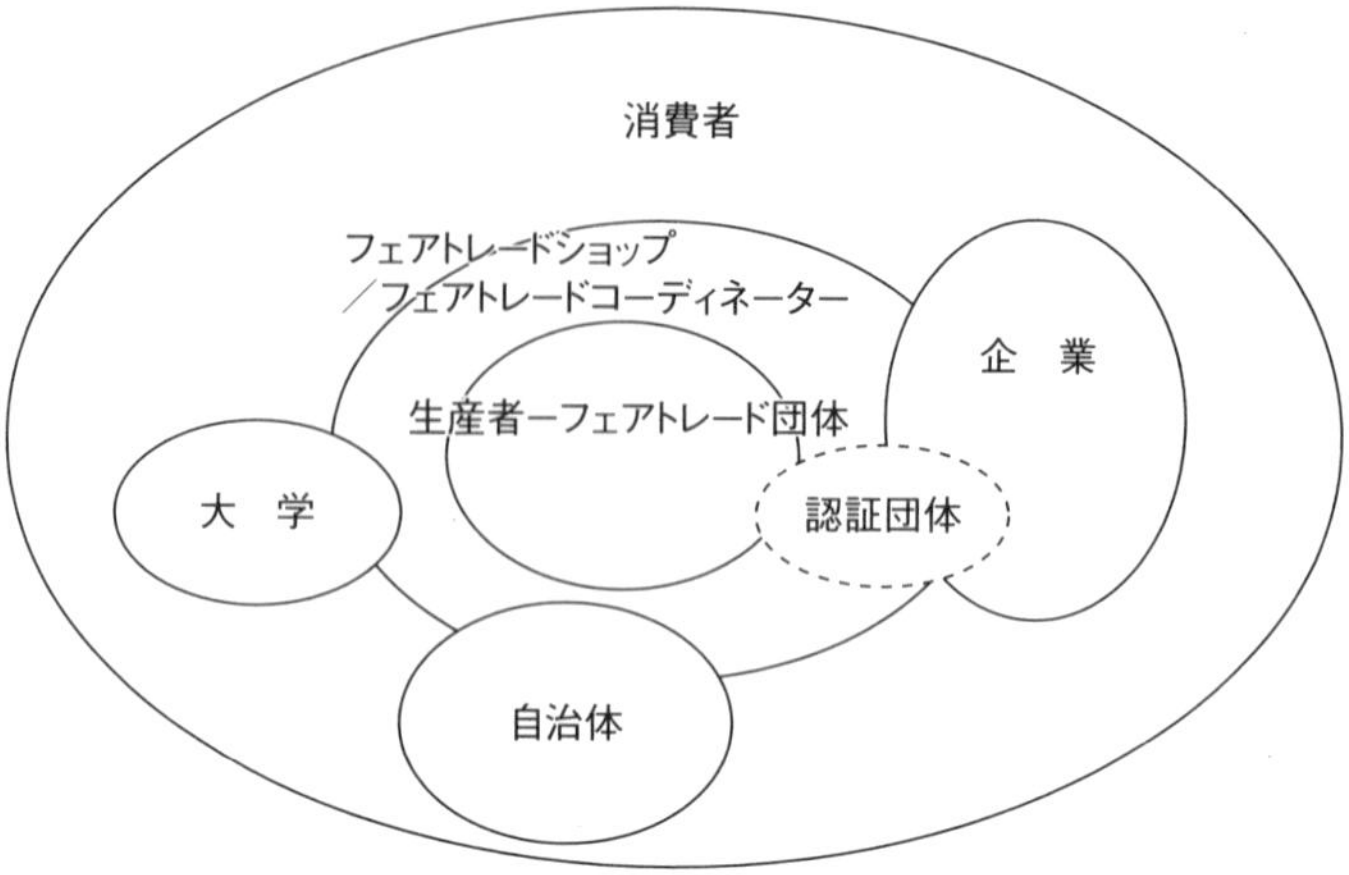

の外側に位置するフェアトレードショップ・フェアトレードコーディネーターの層である。さまざまなフェアトレード商品を消費者のもとに届ける小売店、フェアトレードのメッセージをイベントなどで多くの人たちに知らせるボランティアなどがこの中間の層を作っている。

その購買力を使って、変化を生み・育てる巨大な力を持っているのは最終的な消費者だが、その消費者に最も近い位置にあるこの中間の層はフェアトレードの発展において戦略的な重要性を持っている。

この最も広大な外縁を形成している消費者は、すべて同じ特徴を持っているわけではなく、それぞれを個別の主体として捉えることが可能である。すなわち、企業はその本体業務においてフェアトレード商品・原材料を扱うだけでなく、職場で消費する物資をフェアトレードのものに変えてゆくことができる。同じことは自治体・大学についても言える。デパートやスーパーで、一つの品日全部をフェアトレードのものに変えてゆくカテゴリー・シフトや、「職場でフェアトレード」といったキャンペーン、フェアトレードタウン運動等は、消費者層の中の個別の主体を捉え、そこでフェアトレードの意義を伝え消費を促進するという狙いをその一つの側面として持っている。

こうして、消費者がその持つ潜在的な力によって、市場に変化を生む構造としてフェアトレードを捉えると、消費者運動としてのフェアトレードの特徴が明確になる。

戦後日本の消費者運動において、「環境」や「健康」が商品が持つべき価値として徐々に認められ、消費者の行動が変わり、市場が変わってきたことに照らし合わせて考えると、フェアトレードは、「公正」が価値として認められることによって消費者の行動が変わり、不利な条件に置かれた生産者の生産物が商品として、市場に受け入れられることをめざす消費者運動としての側面を持っていると言えよう。しかし、「公正」は、「環境」や「健康」と違って、身近でなく目に見えにくい価値である。「不公正」はマジョリティの世界からは遠く、目の届かない状態に置かれることによって存続する。

この点から考えると、フェアトレードにおいて、消費者の関心を喚起する（awareness raising）ことはとくに重要である。消費者に受け入れられるような形で「公正」な世界を作るライフスタイルの提案を行うことは、フェアトレードのフロンティアの一つでもある。

新自由主義が暴走する中で、競争に疲れ、格差に打ちひしがれる者に「公正」が持つ意味はけっして小さくはない。この点で、フェアトレードは、「公正」を共通項として南以外の不利な状態に置かれた生産者と連帯する可能性を持っている。具体的にはザ・ボディショップや第三世界ショップの「コミュニティ・トレード」のような過疎地や先住民そして福祉作業所との取引もフェアトレードの新たなフロンティアの一つと言えるだろう。そして、東日本大震災で甚大な被害を受けた人々と一般の消費者の間に、フェアトレードを通じてどのようなつながりを創り出すかも、まさにこのフェアトレードの新たなフロンティアとして考えることができるのではないだろうか。フェアトレードを、国内外を問わずに「公正な社会」を作り出し、人々が人間らしい生活を営むことができる平和な世界を創る運動として捉えなおすことが重要である。

3　フェアトレードのローカルイニシアチブ

フェアトレードはどこで始まるのか？　図1の中心にある、生産者とフェアトレード団体の連携がなければ、商品は生まれない。その点ではフェアトレード出発点はここにある。しかし、他方、フェアトレードが継続して、持続した、生産者の生活向上・貧困解消として実を結ぶためには、図1の外縁をなす消費者のイニシアチブが不可欠である。そして、これらの新しい始まりは、いずれもローカルな世界で繰り広げられている。これらをフェアトレードのローカルイニシアチブと呼ぼう。

生産者とともに

現在バングラデシュを代表するフェアトレード商品の一つに伝統刺繍のノクシカタがある。日本のフェアトレード団体の老舗である、シャプラニールの他にも、日本の各地の草の根でバングラデシュの生産団体と関わる多くの中小のフェアトレード団体の多くが、この独特のデザインと繊細な

▲ SDUW の生産者（2008 年 2 月、筆者撮影）

▲ SDUW の親子三代（2006 年 2 月、筆者撮影）

刺繍によって作り出される商品を扱っている。もともとこの伝統刺繍ノクシカタは、使い古した古布を重ねて刺子をし再利用する伝統技術として、家内で母から娘へと受け継がれていた。これが、一九七一年のバングラデシュ独立戦争で、夫を失った多くの女性の収入の手段として、地元のＮＧＯや伝統工芸の保存をめざす人々によって商品化されていった。*2

北海道でも、これらのノクシカタの生産団体と直接連携して消費者に紹介している団体がある。神戸のフェアトレード商社サマサマから独立してバングラデシュの生産団体と直接連携しているEmmy（http://emmy.main.jp/index.htm）、そして筆者も教員として学生とともにバングラデシュのノクシカタ製作団体ＳＤＵＷと連携している北星フェアトレード*3（http://www.hokusei-fairtrade.com/）等である。

また、二〇〇八年からＮＰＯとして活発な活動を続けている北海道の代表的なフェアトレード団体であるほっかいどうピーストレード（http://www13.atwiki.jp/hptrade/pages/1.html）は、東チモールのマウベシ郡の小規模コーヒー豆生産者組合と連携してフェアトレードによる有機コーヒー豆の輸入、焙煎、パッケージ、販売に取り組んでいる。コーヒー豆をそのまま焼き込んだクッキー等の派生商品もここから生まれている。また、フェアトレードビーズアクセサリー工房colors（

＊２　大橋正明・村山真弓編著『バングラデシュを知るための六十章〔第２版〕』（明石書店、二〇〇九年）第一七章参照。

＊３　北星フェアトレードの活動およびＳＤＵＷとの連携の経緯については、子島進ほか編『館林発フェアトレード——地域から発信する国際協力』（上毛新聞社事業局出版部）二一四—二一八頁「北星フェアトレード」の項を参照。

http://cilty.jimdo.com/）は、大学在学中にインドのビーズ細工と出会った大学生が、独力で生産者と連携して独自の商品を作り上げて、さらに地元の福祉作業所とも連携するなど、地道にその活動の幅を広げている。将来が楽しみな札幌の若いフェアトレード団体である。

消費者によるローカルイニシアチブ

欧州におけるフェアトレードラベルの認定商品の普及とともに、フェアトレード商品の普及を図るキャンペーンがさまざまに行われてきた。自分の勤める会社・学校・大学・団体でフェアトレードのものを導入しようとする「職場でフェアトレード」、そして自治体の単位でフェアトレードの普及を図るフェアトレードタウン運動。これらの動きは、多くの場合これまでフェアトレードの消費を広げるキャンペーンの一つとして捉えられてきた。しかし、本章ではフェアトレードを「公正な社会」を作り出す運動として捉える立場から、キャンペーンの対象としての消費者の側面だけではなく、「公正な社会」を作り出す運動の主体としての側面に光を当てたい。

フェアトレードタウン運動

フェアトレードタウン運動の始まりは、まさにこの運動としてローカルイニシアチブの特長をよく表している。イギリスの小さな町ガースタングでは、一九九二年から地元のオックスファムグループによってフェアトレードを広げるためのさまざまな取り組みが行われてきた。草の根レベルでガーナのカカオ生産地と交流し、さらに地元酪農家とも「公正な価格」を求めて連合が組まれた。これらの努力の上に二〇〇〇年に自治体としてタウンがフェアトレードを支持することを議決・表明して大きな注目を集めたのがフェアトレードタウン運動の始まりだった。その後二〇〇一年にイギリスのフェアトレードラベル統括団体 Fairtrade Foundation UK が五つの基準を設けて、フェアトレード拡大の運動として世界に広がって行った。現在は世界一九カ国で一〇〇〇近くの自治体がフェアトレードタウンとして認定されている。二〇一一年、六月にはアジアおよび日本で初めて熊本市がフェアトレードシティとして認定された。

日本におけるフェアトレードタウン運動

日本におけるフェアトレードタウン運動の歩みを振り返ると、二〇〇三年に熊本がこのフェアトレードタウン実現のための動きを始め、二〇〇八年には、札幌・名古屋においてもフェアトレードタウン運動がスタートした。また、現在はその他の地域にもこの動きは広がっている。

フェアトレードタウンの認定窓口は各国ごとに作られ、認定基準も各国ごとに作られるというのが世界的なこの運動の仕組みである。しかし、日本では各地の運動が先行し、認定組織と基準作りがそれを追いかける格好になり、二〇一〇年三月に東京経済大学で開かれた国際シンポジウムを一つのきっかけにして、熊本・名古屋・札幌の運動の代表と、東京のフェアトレード団体の代表そして研究者も加わって日本独自の認定基準と認定の仕組みを審議する会議体が作られた。この会議体は、フェアトレードタウンネットワーク準備委員会として、五月にふたたび東京で集まり、さらに一〇月には名古屋で、そして二〇一一年一月に熊本で集まり、日本独自の基準を制定し、二〇一一年四月に認定団体を発足させた。それが、社団法人フェアトレードタウンジャパン（http://www.fairtrade-town-japan.com/）である。

日本独自のフェアトレードタウン認定基準

日本のフェアトレードタウン認定基準は、国際的な参照基準となっているイギリスの五基準や、それを一部改定して作られたアメリカの基準と比べるとその独自性がわかる。[*4]

その第一は、フェアトレード商品の定義である。イギリスの基準においてフェアトレード商品として定義されるのは単純明快に認証制度によるFLOラベル認定商品だけだが、アメリカの基準においては、FLOのラベル認定商品[*5]に加えて、FLOのラベルが適用されない主に手工芸品等を生産・販売している団体が多く加盟しているWFTO所属団体[*6]の商品も加えられた。さらに、日本の場合はこれに加えて「地域の推進委員会が適切と認める団体の商品」も加えられた。これは欧米と日本のフェアトレード市場で、ラベル商品と非ラベル商品の割合を見てみると欧米（八六：一四）日本（一四：八六）でほぼ逆転しているという現状に合わせ、さらに日本のフェアトレード団体でWFTOに加盟している団体がまだ三団体しかないということを考慮し、また日本の各地の草の根レベルで貴重な活動を行っている団体とその商品があることを考えて、地域の推進委員会がフェアトレード商品を認定できることにしたものである。ローカルイニシアチブの重視がより徹底していると言えよう。

第二の特長は、イギリス・アメリカにもない独自の項目として地産地消やまちづくりとの連携が入ったことである。日本の基準の第四は次のようになっている

〈基準四〉地域活性化への貢献：地場の生産者や店舗、産業の活性化を含め、地域の経済や社会の活力が増し、絆が強まるよう、地産地消やまちづくり、環境活動、障がい者支援等のコミュニティ活動と連携している。

＊4　基準のくわしい内容はフェアトレードタウンジャパンのHP http://www.fairtrade-town-japan.com/タウン認証について/ftタウン基準／からダウンロードできる。

＊5　FLOラベル認定商品は、コーヒー、紅茶、カカオ等の食品を含め現在二〇品目について基準が作られている。

＊6　日本でWFTOに加盟しているのは、二〇一一年現在でフェアトレードカンパニー（ピープルツリーのブランド名で知られている）、ネパリバザーロ、シャプラニール＝市民による海外協力の会の三団体。

これは、これまでの熊本・名古屋・札幌の運動で、どの地域においてもフェアトレードを通じて地域を活性化しようという活動がさまざまに行われていること、その意義を認めて評価するという意義がある。また、海外の例を見てもさまざまな実践が行われているのだが、これらはこれまでの国際基準の中には盛り込まれていなかった。

以上の独自性を備えた日本の基準は、日本の各地においてローカルイニシアチブ、つまりその地域にすむ人々が、それぞれの地域を世界と結んで、人間らしい暮らしと幸せを分かち合う仕組みを模索することを、多様な形で可能にするものである。これからの課題になってくるのは、それぞれの地域において、フェアトレードの原則を生かしつつ、その地域独自の課題に取り組んで公正な社会を実現すること、市民運動がイニシアチブを取って、行政と議会を動かし、それぞれが単独ではできないハイブリッドなまちづくりを進めてゆくこととなるだろう。

4　おわりに：フェアトレードでローカルとグローバルを結んで平和をつくる
——札幌・北海道の場合

一九八〇年代後半、札幌でネグロスキャンペーンに参加した人々がＪＣＮＣ北海道を結成して「民衆交易」の名のもとに、マスコバド糖やバナナの輸入を始めた。そして札幌に初めてフェアトレード商品を常時置く店舗が生まれたのが、一九九一年であることを考えると、北海道にはすでに二〇年を超えるフェアトレードの歴史がある。二〇〇三年からは、フェアトレードに関心を持つ市民が中心になって年に一回フェアトレードのお祭り、フェアトレードフェスタを開催してきた。二〇〇七年からは、札幌の中心部にある大通り公園での野外開催（二日間）となり、梅雨のない札

▲フェアトレードフェスタ in さっぽろ（2007年6月、筆者撮影）

幌の六月下旬の週末の恒例行事として定着しつつある。

参加団体は、フェアトレードショップやフェアトレードに関わる学生団体だけではなく、無農薬・有機野菜を売る店舗や、フェアトレードの素材を使った食材を提供するレストラン・カフェ、不登校の子どもたちを支援するフリースクールや障がい者支援団体、世界の児童労働禁止を訴える労働組合、そして先住民族アイヌの団体など多様な団体が参加している。

アイヌモシリ（人間の住む静かな大地）北海道は、かつて近代国家の形成以前から北方交易の中心地だった。

ヒト・モノ・カネが国境を越えて激しく移動するグローバル化が進む現代において、北海道が他の地域との関係で持つ潜在的価値はきわめて大きい。日本全体で見たときに食料自給率はカロリーベースで四〇%を切っているが、北海道だけで見れば自給率は二〇〇%を超える。百九〇万人を超える人口を擁する大都市札幌の中にも、ヒトの手が入っていない原始林が残され、ヒグマをはじめとする野生動物が生息する。冬の間の大量の降雪も、そこに楽しみと癒しを求める立場から見れば、他に代え難い価値を持つ。開かれた広大な大地と、豊かな自然は、風力、太陽光、太陽熱、地熱、雪氷など、新しい再生可能なエネルギーの宝庫でもある。

フェアトレードは、このアイヌモシリ北海道がグローバルな世界と結んで、お互いに人間らしい暮らしが営める、社会的に、環境的に、そして経済的にも持続可能で公正な関係を作り上げるための重要な指針と可能性を提供している。

●**参考文献**（フェアトレード関連）

佐藤寛編『フェアトレードを学ぶ人のために』世界思想社、二〇一一年
各分野の専門家によるフェアトレード入門書。

渡辺龍也『フェアトレード学――私たちが創る新経済秩序』新評論、二〇一〇年
フェアトレードの歴史、拡大と深化への課題を追求した一冊。

長坂寿久編著『日本のフェアトレード――世界を変える希望の貿易』明石書店、二〇〇八年
一番最初に読む本としておすすめ。日本の団体、ショップの人々の文章も収録。

長坂寿久編著『世界と日本のフェアトレード市場』明石書店、二〇〇九年
二〇〇八年に行われた日本のフェアトレード市場調査の結果報告。日本のフェアトレードの将来の発展方向への提言も含む。

FLOほか編『これでわかるフェアトレードハンドブック』合同出版、二〇〇八年
世界の主なフェアトレードネットワークが編纂。世界のフェアトレードが直面している課題や、商品別の現状分析も含む。

●コラム5●フェアトレードショップからみえてくること

千徳あす香

二〇〇三年八月、「地球環境に負荷をかけない生き方を多くの方と共有したい」との思いでアースカバーを開店した。開店当初から、フェアトレード品を扱ってはいたが、当時は「フェアトレード」という言葉を知る人は、とても少なく、伝えていくことに苦労する場面もあった。私自身、フェアトレード品を使用するようになってから長いこと経つが、手作りの良さや、天然素材の温かみのある使い心地の良さ、そして何より、どのような人の手が加わって、手元まで届いたのかを知ることができる安心感を実感することができている。このようなフェアトレードの魅力を伝え続け、ここ数年では、来店する方の多くが、フェアトレードのことを知るようになり、その広まりを嬉しく感じている。

しかしながら、まだまだ一般的にはフェアトレードを知る人も少ない。「もっと多くの人にフェアトレードについて、知ってもらい、より良い社会をつくりたい」そんな思いを共にする仲間と実行委員会を結成し、「フェアトレードフェスタinさっぽろ」を二〇〇七年から毎年六月末に札幌市大通公園で開催している。実行委員会には、フェアトレードに関心のある学生、大学教員、NGO関係者やショップ経営者などが関わっており、フェスタ当日は、毎年一万人程度の来場者で賑わう。フェスタでは、草の根でフェアトレード活動を行う方々を紹介することにも力を入れている。また、国内でのフェアトレード活動の紹介にも力を入れ、東日本大震災の支援を行う「国内フェアトレード」、国内の農畜産物の産直活動、福祉作業所の製品の紹介販売、先住民族アイヌの方々のライブや、「フェアトレード＝第三世界との公正な貿易」という枠組みにとらわれず、国内での人々のつながりをつくる活動を続けている。

私は、フェアトレードを国内での活動も含めてのものだと考えている。フェアトレードは、第三世界とのつながりをつくるのみならず、国内での生産者と私たちをつなぐものでもある。アースカバーでは、障がいをもつ方々が作った製品、東日本大震災で被災された方々が作った製品も扱い、人々に紹介することで新たなつながりを生み出している。私自身が選び、販売する商品は、どれも大切なものばかりだ。その大切なものが、どのようなストーリーをもって、私たちの元に届けられるのか、そのことを多くの人と共有し、共感する人を増やしていくこと、作り手と使う側が離れてしまった今だからこそ、ものを通じた人と人とのつながりを取り戻していくことを続けていきたい。

フェアトレードを知り、理解することは、自分の足元にある日常生活を見つめ直すことにつながっていく。フェアトレードだからと言って、これまでと同様にたくさんのものを消費するのではなく、一つひとつのものを大切に使い続けるような、本当に豊かな生活を共にしていきたい。フェアトレードは、自ら選び、生活の中で根付き、広まっていくものだ。フェアトレードの広まり方は、緩やかで時間のかかるものかもしれない。でも、私はそれでいいと思う。じっくりと「より良い社会」を実現できるようなライフスタイルをこれからも提案し続けていきたい。

第11章　北海道における反原発から脱原発運動へのあゆみをふりかえる

山口　たか

1　はじめに

チェルノブイリ原発事故から二五年の二〇一一年三月一一日、東日本大震災とそれにともなう津波により東京電力福島第一原発の巨大過酷事故がもたらされた。二五年前、多くの市民が、原発のない社会を求め、反原発運動が盛り上がりを見せたにもかかわらず、原発は減るどころか増設が続き、当時三七機であった原発が、今や、この狭い日本に五四機にも及んでいる。

この稿を書いている今、東日本大震災からすでに一年近く経とうとしているが、事故を起こした福島第一原発は、収束のメドはたっていないばかりか、増え続ける汚染水の処理は、トラブル続きで、一体、どれほどの放射性物質が環境に放出されたのか、これから安定化まで、一体何年かかるのか、まったく不透明である。警戒区域とか計画的避難準備区域とかが指定されているが、同心円で描くほど簡単に汚染状況があるわけではない。避難指定されていない地域でもホットスポットと呼ばれる高線量地域が東北地方のみならず、北関東にもあることが段々判明してきた。

それにもかかわらず、二〇一一年一二月一六日、野田首相は「原発事故は収束した、収束までの工程表の第2ステップ冷温停止状態を達成した」と宣言した。その言葉を信用している福島県民はどれほどいるのだろうか。一二月二八日に、細野剛志原発担当大臣は、双葉郡内の自治体首長と会い、除染したあとの汚染土や汚染水一時貯蔵施設の設置を要請した。地元自治体の反応は非常に厳しいものだった。

私の住む北海道には、後志《しりべし》の泊村《とまりむら》に三基の原子力発電所がある。二五年前の反原発運動が一定の盛り上がりを見せたにもかかわらず、今日の福島の事故を阻止することができなかったわれわれの運動（北海道の反原発運動）。その歴史をふりかえり、どう脱原発への道のりを描いていけるのだろうかを考えることから、次の運動のひろがりへとつなげたいと思う。もとより、当時、私は一人の市民としての関わりであり、労働運動の内部や政党の内部でどのような議論があり、路線の対立があったかなどはほとんど知らないが、九一年からは札幌市議会議員を務め、国会議員や政党、労働組合などとも接点が増えた、そのような背景のもとふりかえってみたい。

2　泊原発反対運動前史――はじめに核廃棄物の問題があった

北海道は広大な土地、少ない人口ゆえに、迷惑施設の誘致におびやかされてきた歴史ともいえるだろう。さらにさかのぼるなら、アイヌモシリ（静かなる大地）に和人が、侵略し、先住民族アイヌの土地を、川を、森を収奪してきた歴史がある。私は、大分県と兵庫県、新潟県から渡ってきた屯田兵の末裔でもあるが、祖先は森林を伐採し開拓をすることで、生活の場を確保してきた。東京が緑被率が高く、札幌がむしろ少ないというデータをみると、みどりが失われていることを痛感しているからこそ、東京は狭い土地にも植樹をするのだな、と思う。みどりの多い札幌は思い込みであり、定山渓などを除くと札幌のみどりは少ない。全北海道をみるとあまりにも広大なので、みどりが多い、多少伐採しても大丈夫と思うのだろう。環境問題への意識もあまり高いとはいえない。後述するが、道北幌延町に核廃棄物を持ち込む計画に反対する東京の市民グループを案内したことがある。何人かの東京の人は、「こんな広いのなら、どこへ埋めても大丈夫ねー」と発言し本当に驚いたことを思い出す。本州の人にとっても、広大な土地が沢山余っている地域という認識があるかもしれない。

私は、一九八二年の設立時から生活クラブ生活協同組合という生協の理事をつとめていた。店舗をもたず数人の班を単位とした共同購入という形をとって、生産者と消費者が直接つながり、顔の見える関係のなかで、野菜や豚肉、牛乳などを購入するシステムであり、生産過程が明確であることを大きな特徴とする生協である。したがって理事として、安全な食糧の宝庫・北海道を守り、育てることが、経済的にも、環境からも北海道が生きていく道であると考えてきた。

そんななかで、持ち上がったのが「幌延《ほろのべ》問題」である。札幌から北に約三〇〇キロ離れた酪農の町だ。一九八〇年幌延町の議員と町長が本州の原発を視察して過疎地対策としての原発、関連施設の誘致を進めるという報告書を提出、これが幌延問題の発端である。以後誘致の動きが活発になる。原発や低レベル廃棄物貯蔵施設の誘致は空振りとなったが、一九八四年、高レベル廃棄物施設計画が明るみにでた。幌延の誘致の動きにのって、当時の動力炉・核燃料開発事業団は幌延町への「貯蔵工学センター」立地環境調査を北海道に申し入れた。これは、低レベルより一層危険な高レベル放射性廃棄物の貯蔵と、岩盤のなかに最終処分をするための処分技術を研究・開発することが目的だ。

翌八五年一一月、動燃は、現地調査を強行する。酪農を基幹産業とする町に、放射性廃棄物など、とんでもない、安心して飲める牛乳と核施設は、相容れないと考えた私たち生協も、組織的に反対を表明する。反対運動は道内にひろがり盛り上がった。船をチャーターし、苫小牧から晴海まで八〇〇人が科学技術庁へ反対の申し入れに行く。労働組合、消費者、生産者が力をあわせた結果であった。幌延を核のゴミ捨て場にさせないという運動はその後も粘り強く継続していく。

九〇年からは、幌延町の地元の方たちに、誘致に反対するよう働きかけるために、幌延サマーキャンプを開始したのも生協の活動の一環である。幌延のバンガローに宿泊し、町の全戸にチラシ配布と戸別訪問を行い、放射性廃棄物がいかなるものか、危険性を訴えて歩いた。過疎の進行する幌延町が、核廃棄物を受け入れることで補助金や交付金が入り豊かな街が実現するというストーリーは、幌延に限ったことではない。全国の原発立地自治体をみると、程度の差はあるものの、同じような構図が見て取れる。しかし、厳しい状況にあって安易に核施設を受け入れるか、自立した街づくりに奮闘するかで、街の将来はまったく異なったものになるだろう。

3　チェルノブイリ原発が私たちの暮らしを根底からかえた

北海道が核廃棄物でゆれている時、一九八六年四月旧ソ連においてチェルノブイリ原発事故が起きる。核と食糧の宝庫は両立しないという「想い」は「確信」に変わった。高レベル放射性廃棄物も、もともとは原発をつくり、運転することから、出てくる「核のゴミ」である。幌延に危機感をもった道民にとって、原発から発生する廃棄物をどうするか、そこから出発した反・幌延運動だったが、チェルノブイリ原発事故で気がついたことは、廃棄物の元である、原発そのものを問わねばならないということだ。

放射性物質に国境はない。八〇〇〇キロ離れた日本にも、八六年五月の連休頃から、輸入食品から次々とセシウムが検出されはじめる。国の輸入品の放射能の規準をセシウムで三七〇ベクレルとしたが、生協ではその一〇分の一の三七ベクレルという自主基準を決めて、パスタやローレルなどのヨーロッパからの製品の供給を停止した。長い間、生産者と信頼関係にあった伊勢の度会《わたらい》のお茶もセシウムで汚染された。ひたひたと放射能汚染食品が迫ってくる恐れを抱いた。今の状況と酷似している部分も多く、私はデジャブ（既視感）にとらわれる。

放射性廃棄物に反対なら、その根元である原発そのものを拒否しなければ、安全な食の大地なんてありえない。廃棄物反対と両輪として、反原発の声を大きくしなければならないと私たちは決めた。

ふりかえれば、北海道初の原子力発電所が、泊村に建設されることになり八七年にも完成ということに、それまで気がつかなかったのだ。

泊村は、札幌から約七〇キロ。このまちに原発計画がもちあがったのは実に、一九六九（昭和四四）年である。当時は、内陸型の原発が考えられ、隣接の共和町と泊村にまたがる、共和泊原発といわれていた。しかし結局、一九七八（昭和五三）年泊村に建設されることになる。泊村、共和町、岩内町、神恵内村の四か町村が、安全協定の対象＝地元であるとされた。七〇キロ離れた札幌市民は、原発の可否について問われたことはない。一〇キロ圏内の四町村だけが、影響がある地域で、それより外側は、関係ないのか。反・核廃棄物問題からはじまった運動は、その源である原発そのものを問いなおす、反原発運動として大きく動き出す。

4 「さようなら原発の会」の結成

関心が薄かったのだ。今思えばなんということか。こんな危険なものの立地を許してきた自分たちが、今やっと気がついたのだ。しかし気づいた以上、稼動を止めたい、子どもたちに汚染されない食べ物を、という一心で、個人としても、生協としても、できることは何でもしよう、と気持ちを固める。その思いを共有する全国の人々にとって、泊原発を止められるかが、焦眉の課題となった。連日の北電前の抗議行動には全国各地から駆けつけた人々が、チェルノブイリ原発事故後、はじめて稼動する予定の泊原発に異議あり！　の声を上げ続けた。

そこで生協のなかに「さようなら原子力発電の会」を立ち上げ、私が担当理事になった。慶応大学教員藤田佑幸さん（当時）を講師に招き、反原発語り部講座を開いた。その講座の受講生が、藤田さんに「反原発の語り部」として認定を受け、各地域の生協の班の会議に出席をしていく。汚染された、伊勢の度会茶をびんにいれて、原発のこと、放射性物質のことなど、語っていった。消費者団体が、そんな政治的課題を全面にだしてよいのか、という議論はつねにあった。そして、そのような危惧は班会議に行き、原発のない暮らしを訴えるなかで、組合員の脱退という形で現われてくることになった。

とくに、北海道電力の社員の班や北電関連会社の社宅の班は解散となっていく。これでいいのだろうかという思いはなくはなかっただろう、しかし、どこかに、安全な食べものがあって、黙って待っていたら手に入るという時代ではないことは自明のこととなった。原子力発電をなくし、放射能のない社会は、闘いとらねば実現できない、安心して子育てはできないのだ。このことは今も思っている。

「さようなら原発の会」は、講演会、泊原発見学会、反原発出前講座の実施、など次々に取り組んだ。生協組合員の反応も高く、泊見学ツアーには五〇〇人が参加するほどになった。そして、やがて「核のゴミＮＯ！　原発ＮＯ！」の声をもっと広く市民に訴えようという動きがひろがっていく。

5　ノー！　ノー！　核のゴミ捨て場

八六年のチェルノブイリを経験した女性たちが中心になって反核フェスティバルをやろうと、結成されたのが「ノーノー核のゴミ捨て場・女子どもの一万人フェスティバル」実行委員会である。核のゴミに反対し、原発のない社会を展望する、市民手作りの運動だったと思う。照準を八七年春に定め、四・二六チェルノブイリデー、五月三日（ゴミの日）は反核祭をしようと、女たちの実行委員会はじまった。プレ企画は、「札幌に原発を！」広瀬隆講演会だ。そんなに安全なら札幌につくろうよ、という講演会は、会場いっぱいに人がつめかけ、原発いらないの想いがあふれたものだった。そして八七年四月二六日には、初めてチェルノブイリ一周忌デモを行った。以後二五年続く四・二六デモの第一回目である。五月三日は市民会館を借り切っていくつもの企画に取り組んだ。オープニングはアイヌ民族舞踊とムックリ演奏。「汚染されぬ大地を子どもたちに」の合唱も。コネヤマ・ママコさんのパントマイムは、核のボタンを押す大統領を表現したものだった。映画「シルクウッド」上映。これは、マイク・ニコルズ監督、主演はメリル・ストリープで実際に起きた事件を題材にした映画である。アメリカ核燃料製造企業に勤めるカレンは、プルトニウムの製造に従事していた。ある日、プラント内で安全規則違反、数々の不正に気がつく。それを告発するために証拠書類を新聞記者に届ける矢先、交通事故によって不審な死を遂げた事件である。原子力の裏面を見た思いだった。アイリーン・スミスさん講演は水俣病の取材を続けてきた経験から企業の犯罪に鋭く迫るものだった。夜も寝ないで準備した女性たちのエネルギーを実感したのもこのフェスティバルだった。

しかし一方で泊原発は着々と建設が進んでいくのだった。

6　反・泊原発運動ニューカマーとして

北海道の反原発運動史では新参者の生協の運動だが、実は、その前に長い間、原発に異議申し立てを脈々と続けてきた系譜があった。まず原発反対の前に、一九七〇年頃から火力発電所に反対する住民運動があった。太平洋に面した温暖な伊達市、そこに北海道電力の火力発電所が建設されるという。地元を中心に反対運動が起こり、北電への料金不払い運動など、その後の原発反対運動にも引き継がれた戦術がこの頃から、取り入れられてきたことがわかる。この運動が北海道での反原発運動の原点といわれるゆえんであろう。

その後、原発の立地の噂があがっては消え、消えては復活してくるなかで、火力発電反対運動は原発反対を掲げる運動へとシフトとして動きだす。チェルノブイリもスリーマイル原発事故もない頃、原発の危険性を訴えての住民運動は、先駆性を有していたが、それゆえに広範な市民の運動になるには、まだ少数派であった。なかでも「反核・反原発全道住民会議」や、「岩内原発問題研究会」は先駆的な団体である。泊村に建設が決定する以前にも、石狩・浜益村に建設計画があった。その反対運動があった歴史すら私は知らなかった。今思うのだが、それらの人々にとって「反原発の主婦パワー」「反原発ニューウェーヴ」と持ち上げられ、今まで原発のことは知らなかった、と言って運動の前面に出てきた私たち主婦の無知は許しがたかったろうと思う。

しかし、私たちのような消費者反原発運動ニューカマーとそのような長い歴史をもつ活動家たちの運動、まだ健在だった社会党とその関連組織としての地区労や全道労協（全北海道労働組合協議会）などの労働運動の間の溝は少しずつ埋めることができると感じられるようになった。それは、現地だけの闘いではなく、都市に住む消費者としての運動が、共に手をつなぐことで、泊を止める大きな力になることが互いに理解されていった経過だと思う。

当時の運動グループにはどのようなものがあったのだろうか。核廃棄物施設誘致に反対する道北連絡協議会・高レベル施設誘致反対道北酪農青年協議会・岩内原発問題研究会・反核反原発全道住民会議・健康をつくる会・原発いらない小樽市民の輪・ノーノー核のごみ捨て場女子どもの一万人フェスティバル・きれいな風の会・むらさきつゆ草の会・R-DANネットワーク北海道・とまとの会・五万人原告団・全道労協センター・平和運動センター・生活クラブ生協さようなら原発の会等各地で活発な活動が展開された。

しかし、いくらデモや集会をしても、それだけでは政治は動かないことをも痛感する日々であった。やがて、新参の消費者運動と長い歴史の反原発市民運動と労働運動と農業・漁業・酪農業が共に連携し、反・泊原発のうねりは、直接請求という形で結実することとなる。

7　直接請求への道

泊原発の稼動を止める決定打がないなかで、考えられた行動が、直接請求である。

直接請求運動は一九八八年スタートした。泊原発の稼動の可否を決めるのは、住民投票によってほしい、したがって、住民投票を位置づけるための条例を制定してほしい、という運動であった。直接請求は、地方自治法に位置づけられた権利であることから、単なる署名とはちがい、一人ひとりの自筆、印鑑が必要であり、選挙人名簿に登録されている有権者であることが条件である。期間も二カ月、と限られたなかで、受任者として登録した人しか署名集めはできない。全北海道の労働運動、農民、漁民、消費者、市民の広範な取り組みが求められた。生協ももちろん全力をあげることを決定。なんと三五二六人が受任者となり夏の暑い日々、汗をふきながら、一軒ずつ戸別訪問して署名を集めた。家事や夫や子どもを顧みる暇もなく、署名集めに奔走した。全北海道の反原発勢力の結集だったと思う。その結果は、一〇三万筆という北海道民有権者の四分の一以上が賛同したことになる大きな成果があった。生活クラブ生協は札幌圏で集った署名三二万筆のうち一五万筆を占め、過半数を上回った。それ以後、これほどいのちがけで取り組んだ署名はない。一一月一四日、泊原発の可否を問う道民投票条例を正式に請求した。選挙管理委員会の厳しいチェックをへて、有効署名は九三万筆とされたが、それでも多くの道民が署名したことは重い。一方で、一一月一六日、泊原発一号機は初めての臨界に達した。

北海道知事は社会党のプリンスといわれた横路孝弘知事。はたして原発稼動の可否を住民投票で決めたい、という願いは聞き入れられるのか。

一方、泊原発の運転を阻止する他の方法として、並行して裁判闘争も提起された。「原発なしで暮らす権利」という新たな権利を訴えた。全国から原告を募り、四万人という多数の賛同者があつまり、募金も数百万円に達した。結果として、九八八人の原告と二五人の選定当事者が公判を闘うことになった。直接請求、街頭行動、裁判、などなど考えうるあらゆることに取り組んだことの一環であった。

直接請求署名期間が終わって、私たちは、道議会各会派のロビーイングに取り組んだ。議員一人ひとりに面会し、住民投票が重要であること、そのための条例を制定してほしいことを訴えた。しかし恥ずかしいことに、自分が投票した議員が何をしているのか、原発についてどう考えているのか、その時まで知らなかったことに愕然とする。無知、無関心な自分たちが、原発建設を許してきたことを一層後悔したのはこの時だ。

一二月の北海道議会を毎日傍聴した。女性議員は一人しかいない。行政側にも男ばかりだ。首長が意見書を公表するのだが、横路孝弘知事は原発について、行政の継続性が重要であることを強調し、一方で、九〇万を超える住民の意志は重い、という玉虫色の意見書で結局、建設を停止させる考えのないことを示唆したのだった。期待が大きかっただけに本当に無念だった。一九八九年一二月三日、知事の意見書も勘案して採決された北海道議会は、六四票対六二票という、たった二票差で、住民投票条例案を葬り去った。否決されたあとの北海道議会の議場の前で私たちは号泣した。

8　直接請求から議会へ——政策決定への市民の参加を

八九年、直接請求運動の敗北をうけ、私たちがめざしたのは、政治そのものを変えることだ。道議会議員が、ほとんど議論もなく政策を決定していくことへの怒りや、疑問が大きかった。女性が政策決定の場から排除されていることも納得できない。もっと関心をもたないと住民の願う政治は実現しないと感じた。

生協のなかにつくった「元気に政治する会」や、代理人運動の勉強会など。生協がさらに政治へアプローチしていく一歩だった。生活は政治、政治は生活を豊かにするための道具である、という主張は二〇〇九年政権交代時の民主党のスローガンだったが、それは民主党オリジナルではない。一九九〇年に私たちが、掲げたものである。否、それ以前に、政治を生活者の手にとりもどそうと訴えてきた、神奈川や東京の生活クラブの運動のテーマだった。今の政治の問題点を洗い出すなかから結果として導き出されたことは、議会に生活者の代表を送り出そうという結論だった。そこで、生協とは別の政治団体を有志で立ち上げる。一九九〇年、市民ネットワーク北海道の結成である。

政治日程は、運動主体の意志で決定できない。四年ごとの議会選挙、首長選挙という日程をふまえ、九一年の統一自治体選挙に代表を送り込むことを共有し市民ネットは動き出す。

市民ネットワークの活動にふれるには、前身である本州の運動の理解がもう少し必要かもしれない。母体の生活クラブ生協は、東京・世田谷からはじまった、社会運動だ。生活を変えよう、生き方を変えよう、を掲げて、牛乳の共同購入からはじまった運動体である。生活クラブは、購入する食品や生活材を商品ではなく消費材、と表現する。活動を通じて、新たに発見することが多い。食が、市場の論理で作られ健康や安全がないがしろにされているという事実。添加物や農薬を多用した食材。購買力をまとめて、望む食材を生産者に生産してもらおう。どこかにある「良い食物」を探してきて買うのではなく、自ら作っていく過程が生活クラブの社会運動の原点だ。数人で構成される班も、情報交換や教育の場という機能を有していたと思う。私は理事として、カレールウや低温殺菌牛乳の開発に関わっていた。望むものを生産者と作り上げていく醍醐味はそれ以後味わったことはない。そのような背景から、本州の生活クラブは、政治を市民の手にとりもどそう、と政治にチャレンジしていくのである。政治の主役は議員ではなく、市民。議員は市民の政策を実現するために議会に送られた「代理人」という位置づけで、生協の選挙は「代理人運動」という、神奈川ネットワーク運動、東京生活者ネットワークなど本州の先輩生協の代理人運動に学び、北海道でも代理人を送らないと政治は変えられないと思った。そうしてつくられた市民ネットワーク北海道は学習会などを重ね、選挙に臨むのだが、時間は迫ってくる。北海道議会は原発の可否を決定する場であり、市民政治のターゲットだったが、札幌市の各区の定数は三名か二名。とても狭き門だ。まずは、市議会議員から政治を手元に引き寄せることを決定した。

紆余曲折あり

結局私自身が、候補予定者になってしまった。そして一九九一年四月、私たち無名の主婦は三人とも当選を果たした。泊原発二号機が営業運転を開始したその時のことである。

9　北海道の原発反対運動のその後

対案提示型の運動へ

直接請求が敗北し、反原発運動は急速に力を失っていくが、私個人としては活動の場を議会へ移して引き続き原発に取り組む決意であった。一方、直接請求を前後して、原発がないと電気が不足するという、電力会社や経済界の脅しに太刀打ちできなかったことを総括し、単なる反対運動から脱して対案を提示していこう、という動きも出てきた。

そのひとつが原発でなく自然エネルギーを活用し、原発にたよらない生活のモデルをつくろうという、運動だ。電気料金に五％上乗せして徴収し、風力発電建設の資金にするグリーン電気料金制度もはじまった。九九年七月には北海道グリーンファンドがＮＰＯとして立ち上がり、市民出資で風力発電装置をつくる事業がスタートする。同時期、ＮＰＯ法の制定など、市民事業への追い風がふいた。二〇〇一年九月道北の浜頓別《はまとんべつ》に、市民風車第一号が完成した時は本当にうれしかったことを覚えている。今、風力発電の電力源としての不安定さや、低周波問題、環境への影響など課題も見えてきたが、この頃から、なんでも反対の運動ではダメだ、といわれ、対案を示せといわれるなかでの、対案としての市民風車だったと思う。「反原発」運動が、なんでも反対の見本のようにみなされ、そこからの転換をめざし「脱原発」といわれるようになったのもこの頃かもしれない。

すなわち政策決定の場への参加と、対案提示型の市民運動が、私たちのめざした原発のない暮らしをもたらすための戦略だったと記憶している。自然エネルギー、再生可能エネルギー、自家発電、など新たな模索が次々と登場しはじめるのもこれ以降だ（しかし、今、思うのだが、対案を示さないとダメだという「脅し」に屈することはない、反対のものは反対だ、対案を提示する必要がないものまでも何でも反対運動はダメという論調は、理解を得るようにみえて、実は物事の本質を見失うこともあると思うのだ）。

それでは、その他の、市民グループや労働組合、農業者漁業者の運動はどうなったか。

脱原発冬の時代

直接請求の敗北は、運動体のつながりを解体していった。農業者のなかで、積丹農協のように、組織として原発に反対を決定したところもあるなか、泊の地元、岩内では漁協が、条件つき賛成に転じていく。その後、全国各地での、反対運動や四国電力の伊方原発でも出力調整運転という危険な運転に反対する市民が全国から結集した動きもやがて収束し、脱原発運動は冬の時代にはいる。

したがってその間、全国では原発の増設が続いたにもかかわらず、もはや八八年のような大きな反対運動にはなりえなかった。組織の力量の低下だけでなく市民のなかにもあきらめや、チェルノブイリの記憶の風化があったのだろう。二〇〇八年には、泊原発三号機でのプルサーマル計画が浮上し、急速に進行していく。三号機のプルサーマル計画は、プルトニウムとウランの混合燃料を通常のウラン用の原子炉で燃料として使用するものだ。集会やシンポジウム、デモなどを行ったが、北電と北海道のあまりにも拙速な道民合意への進め方をみていると、はじめに計画ありき、すべての説明会は、アリバイ作りであるとわかる。二〇一一年になって、プルサーマルをめぐるシンポジウムも、北電が社員を動員して、質問させたり賛成意見を言わせたり、いわゆる「やらせ」であることが発覚したことは記憶に新しい。住民同意も、地域の理解とやらも、すべてシナリオどおりだ。泊原発だけでなく佐賀県玄海原発でもやらせが発覚している。すべての電力会社で、原発の新増設のさいやらせが行われていたことが類推できる。これが原子力発電の実態だ。そして、補助金で自治体や地域住民を懐柔していく構図だ。

非自民連立政権への失望

北海道のみの課題としての深地層研究施設と高レベル放射性廃棄物の問題はどうなっていくのか。九三年にはなんと非自民の連立政権が誕生した。私たちは幌延問題は解決するのではという期待をもった。しかし、深地層研究計画と処分計画を分離する案などが出て、幌延問題道民懇談会や道北連絡協議会などは不信感を募らせることになる。そして九五年、横路知事が国政に復帰し、副知事だった堀達也知事が誕生する。堀知事は、幌延に廃棄物を持ち込むことには反対を表明していたが、結果として多くの道民が反対であるにもかかわらず、二〇〇〇年「北海道における特定放射性廃棄物に関する条例」制定と引き換えに、「核抜き」で研究施設の建設を容認した。堀知事の支持母体である連合北海道や民主党、公明党も研究所については容認した。しかし、本当に研究施設だけなのか、疑問はぬぐえない。高レベル放射性廃棄物を受け入れる地域など日本全国どこにもない。幌延がもっとも危険な候補地であることに変わりはないだろう。当時の政治的状況をふりかえると、非自民連立政権の誕生が、少なくとも原発政策、エネルギー政策においては、私たち、脱原発をめざす市民の願いに添ったものにはならなかったといえるのではないか。

10　3・11福島の過酷事故から見えてきたもの

堀知事は二期で引退し、二〇〇三年に誕生したのが、高橋はるみ知事だ。経済産業省出身のまさに官僚である。幌延に放射性廃棄物処分場をつくるために経産省から送りこまれたのでは、と訝する人もいる。

泊村にはすでに三号機までが建設され、二〇一二年春からプルサーマル発電が計画されているなかでの3・11である。地震、津波、そして東京電力福島第一原発の巨大過酷事故だ。原発の事故は、ひとたび起きるとあまりにも影響が広範囲であるばかりか、外部被曝に加え内部被曝による健康被害、農業、水産業などすべての一次産業が崩壊する。廃棄物の処理処分は、未解決だ。事故がなくても、多くの被曝労働なしに燃料を製造することも、原発の維持管理をすることも不可能だ。もう、安全神話は吹き飛んだ。いくら原発賛成の人でも、絶対安全とはいえない。しかしながら、だからもう原発はやめようという当たり前すぎることが、当たり前に通用しないのが原子力ムラの闇世界だ。まるで福島の事故はなかったかのように、停止中の原発の再稼動を急いでいる、ストレステストは妥当だ、と。首相はアメリカへ行き、日本は世界一安全な原発をつくる、と発言し、原発輸出で経済成長戦略などというほどだ。

今回の事故を受けて、再び、多くの脱原発運動が、全国各地でわきおこったのは当然であった。はじめてデモに参加する若い人たち、忘れていた二五年前を思い出すように久しぶりに街頭に出た人たち。しかし一方で私は、こんな形で運動が盛り上がることに複雑な想いがある。こうなるまで、緊張感の薄い運動しかしてこなかった、自らを許せない思いがするのだ。でも、だからこそもう一歩も引き下がれない。今度こそ、原発からの撤退を現実のものにしなければならないと痛感する。

3・11以降のことを一つひとつ挙げてみても、すでに報道されているものだったり、政府のあまりの対応の酷さに、ただただ怒りを感じるだけだったり。したがって、私が取り組んできたことを記すことでこの稿を終わりたい。

六月に、私は、福島から避難してきたYさん一家と知り合いになった。以前教師をしていた妻のS子さんの元に、教え子や、知り合いの保護者からくる電話やメールには、被曝の不安や、学校での二〇ミリシーベルトを可とする文科省通知への不信感があふれていた。この訴えをなんとかしたい、というS子さんからの相談を受け、せめて夏休みだけでも、避難をしてもらいたい、マスクのない夏休み、外で思い切り遊べる夏休みを実現したい、そう考え、「福島の子どもたちを守る会北海道」を立ち上げた。S子さんの友人や、ブログで募集した親子一三家族四四人が北海道にやってきた。この間わずか一カ月、お金集めに奔走し、宿泊施設を提供してくれるところを探し、睡眠時間を削っての受け入れだった。親と子が、ふつうに暮らすことを基本に、のべ七〇名のボランティア、一〇名の事務局が目のまわるような忙しさのなか福島の親子と交流した。その後、現在までに、八家族が福島から転居した。京都、新潟など各地に避難したが、札幌にも三家族がやってきた。そして冬にも一時避難の受け入れを行った。

これは脱原発を訴える活動ではない。そのことに対して、「子どもたちがかわいそう」ならあらゆる人たちが参加できる、問題の本質を覆いかくすものだ、権力と敵対しない運動だ、というような批判があることも承知している。

福島県や政府は、高線量の地域からの避難を進めるのではなく、除染をすることで、居住可能になることを訴えている。除染後の廃棄物の受け入れ先もないまま、大規模な除染など可能なのか。山々、森林、どこも汚染され、手の施しようがないところへきているのではないか。さらに、除染しても六〇％ほどしか効果は期待できないというモデル事業の結果も報告されている。除染するから住み続けるように強要するような地域、避難することが悪いことであるかのような周囲の目に対して、少しでも放射能のリスクから離れ暮らすことがいかに大事かと思う。

そのような避難や一時疎開を支援することからでも、原発への疑問につきあたる人は多い。幼い子どもが、セシウムなどという言葉を発する、海岸の砂を袋につめて、福島へ持ってかえり庭の土をとりかえる、という。そんな理不尽な、と思う。この国は間違っていると思う。東電と政府へぶつけようのない怒りが湧きおこってくる。直接行動はしなくても十分に、原発が健康や暮らしを破壊するだけでなく、人権侵害であることはすぐに実感できる。想像力が少しあれば……。

3・11以後さらに、北海道では、二〇一一年一〇月に脱原発をめざす女たちの会北海道が結成された。一一月には「札幌に市民放射能測定所をつくる会」、一月には、全道の運動グループが集って「ストップ！原発　北海道」という連絡会がたちあがった。一、二号機は、定期点検でとまったまま再稼動はしていない。（二〇一二年、二月現在）残るはあと一機だ。なんとかして再稼動を許さず、三号機を止めたい、もちろんプルサーマルは論外だ。[*1]

どのグループもそのことをキーワードとして、集中してがんばろうとしている。

一方、3・11以後脱原発運動のに加わった人たちと、以前からあるグループのなかには微妙にず

＊1　五月五日　三号機もとまり、現在北海道で稼働している原発はない。

れがあるようにも感じられる。福島を経験して、新たに運動に参加してくる多くの運動ニューカマーとそれまでの運動との連携は、必ずしも十分とはいえない。このことは今も当時も課題だった。私が、二五年前経験したことと共通するかもしれない。しかし、私たちは、その課題を積極的に解決しようとしなかったのではないか。

新たに運動に関わる人々は、この一年で、自身が劇的に変わったはずだ。原発がこれほど酷いものだとはじめて知った。3・11以前の暮らしにもどりたくてももう戻れない。その緊張感、緊迫感が運動のエネルギーだ。一方、長い間運動してきた人々には、今、おきているほとんどすべてのことは、自明のことなのだ。当時の「運動新人」の私は今や老・活動経験者だ。そんなことは知っているし、それはすでに試みて失敗している、と思えることも多い。裁判闘争も、デモも、食品汚染も、高い線量も、安全神話のウソも……。

組織には違和感があるが、組織の力は巨大であることも身にしみている。そしてどこかに、きっとある、自分は長い間反対をしてきたのだ、という自負が。でもこの巨大事故を阻止できなかった後悔とが。だから、息せき切って、反対のこぶしをあげる気になれない。でも、原発なしの社会を望む気持ちは誰にも負けない。その気持ちのすれちがいが互いに理解しあえるといいなと思う。私たちは、運動の経験を継承できなかった。持続もできなかった。運動を担う次世代を育てられなかったといえばあまりにも傲慢かもしれないし、市民運動とはそういうものだ。でも、政党と労使が一体で原子力を推し進めてきた経過を顧みるならば、政党頼みでは、原発を廃止できないことは明白だ。市民の運動なしには政策は変わらない。決定打は誰にもわからない。新旧の運動経験の交流や共有をはかり、違いは違いとして、新たな人と人のつながりを構築しながら、多角的に政治を揺さぶるしかないと思う。

11　おわりに

私は、二一年前に、晴海ふ頭を出発。東海村、福島第一原発、女川原発や、六ヶ所村をめぐるピースボートの日本原発ツアーの東日本の部分に参加した。広大な敷地に立派な体育館がありながら、ただの一人も利用していない異様な雰囲気だったことを今さらながら思い出す。電源三法交付金で建てた公共施設だ。今、北海道・後志管内の四町村は、原発の交付金などで、潤っているかもしれないが、町は、さびしい。商店はシャッターを下ろしている。おいしいといわれていたお寿司屋さんも、客はほとんどいない。原発ができれば、出稼ぎにいかなくてもすむようになるといわれ、町が豊かになるといわれ、反対運動も次々と賛成に転換していく過程は全国の原発立地自治体で共通な現象である。しかし実際には、若い人は地元を離れ、高齢化が進行している。決して活性化にはなっていない。原発がなくなったり、補助金が減ると生活できないと、地元では思っている。おおっぴらに反対できない雰囲気がある。それでも、このままでは若い人が帰ってはこないこともわかっている。街づくりを、補助金や交付金に依存してきたそこから、一歩踏み出す決意をしてほしい。まず、原発から脱却することをきめることなしに、次の街づくりの展望をさぐる動きは出てこない。あきらめずに、地域のひとたちへの働きかけもしたい、自分の住む足元で、脱原発の裾野を広げたい。原発にとっても、私にとっても残された時間はそう多くはないが、そのことに時間を使いたいと思っている。

●参考文献

本田宏『脱原子力の運動と政治』北海道大学図書刊行会、二〇〇六年
「日本のエネルギー政策の転換は可能か」、ポスト3・11の今、われわれに問われていることが先取り的に展開されている。市民運動の歴史書としても貴重だ。

山本行雄編著『幌延問題ガイドブック　許すな、北の大地の核汚染――現実・政策・法制』原子力政策と法制研究会、一九九一年
原発から出る放射性廃棄物は、処理・処分の技術が未確立だが、北海道・幌延には高レベル放射性廃棄物の地層処分場が誘致されようとしている。資料や年表もついた保存版だ。

佐藤慶幸・那須寿・天野正子『女性たちの生活者運動――生活クラブを支える人びと』マルジュ社、一九九五年
生活クラブは高度経済成長が生み出した専業主婦によって担われた社会運動である。合成洗剤、食品添加物、命の対極にあるものにＮＯ！　対案を提示する運動の意味は大きい。

西城戸誠「生活クラブ生協北海道における社会運動の成果と連帯のゆくえ」大原社会問題研究所雑誌、No.592、二〇〇八年
生活クラブのなかでも北海道に焦点をあてた一文である。生活クラブ北海道が、議会へ生活者の代表を送る運動に取り組んでから、早くも二〇年。本書でさらに、生活クラブとは何かが見えてくる。

●コラム６●サッポロとロッカショで考えた命のめぐり

橋本まほろ

二〇〇六年秋、六ヶ所村核燃料再処理工場の現状と地域住民の声を丁寧に捉えたドキュメンタリー映画「六ヶ所村ラプソディー」（鎌仲ひとみ監督）の自主上映会を主催した。私はこの映画を見て初めて、六ヶ所が北海道からほど近いこと、甚大な量の放射性物質を取り扱うこと、原発の誘致によって地域に取り返しのつかない分断を生むことなどを知った。そして、この映画をきっかけに、「知らなかった以前のままではいられない。」という同じような衝動を持った人たちと出会い、ゆるやかなネットワーク、サッポロッカショが生まれた。代表や事務局はなく、企画は言い出しっぺ方式、泊や幌延ツアー、岩内で海水温を測る斉藤武一さんの講演会、アースディの出展、デモの参加、イベントなどを続けていく中で、今まで知ることのなかった核開発の暗の深さを共有しながらも、それぞれができることをできるだけやるというゆるやかな活動を継続してきた。

私は有機農産物の販売を仕事にしている。「六ヶ所村ラプソディー」の衝撃の大きな要因は、登場する農家・漁業者の言葉とその生き方に強く心を揺さぶられたことだった。「土地は売り物ではない」「海は売り物ではない」彼らの言葉には、土地や海は自己の資産ではなく、自然の懐の中で脈々と受け継がれるあずかりものであるという確信がある。土着の感覚が薄い私には、この彼らが身体を張って守ってきた自然の情景と思想の中に、育まれる食べ物をいただき、日々めぐる命の輪につながることの有り難さ、故郷の共有を実感することができた。そしてその思想は、私の知る有機農業者にも重なる。化学農薬や化学肥料に頼らず、有機物の循環を利用した土壌から健康な野菜を作る。自然の厳しさ、恵みに身をさらしながら命のめぐりの中に人の営みを置くという有機農業の有り様は、毒性の強い放射性物質による環境汚染とは絶対に相容れないものだった。

二〇一一年三月一一日。原発事故による放射性物質の拡散が現実のものとなり、最悪の事態が刻々と進んでいく様子は覚めない悪夢を見ているようだった。この取り返しのつかない放射性物質の放出によって汚染された、かけがえのない故郷の大地に立ちつくす人々の悔しさを思うと言葉を失う。この先は、多くの人がのびのびと健康に生きることが難しくなるかもしれない。命の故郷を奪い分断し、五四機もの原発で海岸線を埋め尽くしてきた日本で、私たちの命もまた、削られていく。その現実を目の当たりにしたことに、改めて恐れを感じ戸惑った。

そんな時にサッポロッカショのネットワークに助けられたのは、その恐れや戸惑いに向き合う時間とその本質を話す場が作れたことだった。生活の中にこのような場が継続されていくことに希望がある。不安を抱える一人一人の意思と命が尊重されなければ、この困難は永遠に続くし、同じ過ちを繰り返すだろう。一刻も早く命を踏み台にする経済性・利便性優先の時代を終わらせ、分断ではなくつながり生かし合う世界へ向いたい。

めぐる命の輪の一員である私たちの巻き返しが、３・11後の世界を作り始める。

第12章　詩と平和

矢口　以文

1　戦時下体制における英米と日本の詩人たち

戦争と平和は表裏一体の関係にある。この二つはいつの時代でも、どんな社会でも、重大問題だった。したがって文学の大きなテーマでもあった。しかし、戦争批判の作品は僕の知る限りでは多くはない。新約聖書で殺すことをイエス・キリストは否定した。したがって、初代教会のキリスト教徒は戦争参加を否定した。しかし、三一三年にローマの皇帝コンスタンチヌス大帝が礼拝の自由を宣言して、それまで認められていなかったキリスト教の礼拝を認め、その後のテオドシュウス大帝が三八〇年にそれをローマ国の宗教にしたために、キリスト教は国家と結び付いてしまった。ローマがキリスト教国になり、キリスト教が国家の宗教になったため、キリスト教徒はみんな国家の行う戦争に参加するようになった。キリスト教徒にもともとあった戦争反対の精神はしぼんでしまった。現代でもキリスト教国と思われている国々の人たちはみんなその伝統のもとにある。

英米の詩人たちの中で、自分の信念に反する政府の方策に従わない動きがはっきり見えたのは、一九世紀の思想家であり文学者であったヘンリイ・デービッド・ソローにおいてであった。彼は米国の行ったメキシコ戦争と奴隷の扱いに反対して税金の不払いをし、投獄された。一八四九年に書かれた「市民の反抗」に彼の立場が記されている。この市民不服従が後にトルストイ、ガンジー、マルチン・ルサー・キングなどに影響を与えたと言われている。

英国では、第一次世界大戦に召集された若い詩人たちが、実際に体験した残虐さ、みじめさ、悲しさを詩に書いた。敵も同じ人間だという認識が生まれた。それ以前の詩人たちの多くに、戦争を美化する風潮があったが、この詩人たちは戦争を経験することで大きく変わった。戦争批判の伝統はその後の戦争の時にも英米では当然生きていた。戦争参加を拒否した詩人たちの数も少なくなかった。第二次世界大戦、朝鮮戦争、ベトナム戦争、イラク戦争などとの関わりで数多くの戦争批判の詩が書かれた。湾岸戦争当時、ブッシュ大統領に反対して、多くの詩人たちが大統領批判の詩を書いて、ホワイト・ハウスに送った。今も多くの詩人たちが反戦の詩を書き、朗読活動をしている。

日本の場合、戦争中に戦争を批判した詩人はほとんどいなかった。日露戦争の時、与謝野晶子が「君死にたまふことなかれ」を書いたが、後が続かなかった。日本の行う侵略を批判する詩はほとんどなかった。第二次世界大戦の時には、ほとんどの著名詩人たちは戦争賛成の詩を書き、日本国が勝つことを望んだ。殺すことの残酷さや敵の国民に対する思いやりはなかった。日本の国が神の国であり、天皇が神であることを讃える情けない詩の洪水だった。

しかし日本は東京大空襲、原爆、沖縄戦争などを体験し、戦争に敗れ、天皇が人間宣言をした。その結果、日本人の考え方に少しばかり変化が生じた。原爆体験した人たちの詩が生まれた。戦争や空襲の詩が多く書かれ、朗読されるようになった。それに対して戦争や社会問題や政治を扱うべきではない。詩のテーマは自然、愛、心の問題などであるべきと主張する詩人たちも少なくない。しかし詩人は自分の生きている社会の重大な問題に目をつぶるわけにはゆかない。ドイツの哲学者T・W・アドルノが「アウシュビッツ以後、詩を書くことは野蛮である」と言った。この虐殺の後に、虐殺以前と同じようなテーマで詩を書くことには納得できない、ということなのだ。原爆についても同じことが言えるだろう。原爆以降においても、原爆以前のようなテーマで書き続けてもいいのか、という問題提起にもなるだろう。戦争はいつでもあるし、日本の国にも戦争をやりたがる風潮が出てきている。しかも次の戦争は人類の滅亡を予感させる。この問題に対してどう立ち向かうのかも、詩人たちの大きな問題であろう。

2　僕の詩とその背景

北海道の詩人たちの中にも、かなり以前から社会問題に真っ向から取り組んだ反戦平和の詩人たちがいたし、当然ながら現在もいる。かつては小熊秀雄や今野大力といった詩人たちがいたが、そのあとには河邨文一郎や更科源蔵などがいる。それと同時に、またはそれに続いて、多くの詩人たちが作品活動を行い、平和を訴え、戦争に向かおうとする国家の傾向を取り上げ、警告を発してきている。河邨文一郎の主宰した「核」の詩人たちには詩の技法に対する強い関心もあったが、社会問題をなおざりにはしなかった。堀越義三が編集していた「詩の村」の詩人たちの何人かはとくに社会意識が強く、戦争にたいする危機感を強く表現していた。堀越たちが中心になったベトナム戦争に反対する作品集も出版された。また幌延町に核廃棄物を貯蔵する動きが出てきた時、それに反対する五五人の詩人たちが『1986　幌延詩集』を、山内栄治の編集で出版している。
また江原光太が率いる詩人たちのグループが、京都の詩人たちと一緒に、北海道縦断朗読旅行のキャラバンを組み、音威子府の砂沢ビッキの仕事部屋や稚内の喫茶店などで社会意識の強い詩を朗読したこともあった。これらの他にも、戦争と平和を扱った作品が同人雑誌の中に多く出版されてきたし、朗読会も行われている。それに旭川市には小熊秀雄賞なるものがあり、社会問題を扱っている優れた詩集がその対象になっている。多くの作品集が応募に応えて送られてくるようだ。またアイヌの詩人たちに関しては、数は多くないが、鋭い人権意識を持って、作品活動を行っている。アイヌ問題を正面から取り上げた詩集も出されている。かつては森竹竹市や違星北斗がいたが、現在、僕とほとんど同世代には戸塚美波子がいる。
僕も社会問題との関わりでも詩を書く詩人たちの一人だが、以下において最近出した詩集『詩ではないかもしれないが、どうしても言っておきたいこと』（コールサック社、二〇一〇年）の作品のいくつかを取り上げ、それらについて若干触れてみたい。

「爆弾穴」

太平洋戦争中、僕らの町に海軍の飛行場があった。松島が近かったため、松島海軍航空隊基地という名がつけられていた。多くの若い兵たちが町にやって来た。彼らはそこで訓練を受けてから、実戦に出かけるのだったが、小学生だった僕らは毎日、飛行場の兵たちを見に行った。飛行場の柵の外から、彼らをうっとり眺めていた。ある日、七、八人の飛行兵がいつものようにボール投げをしていた。その時、僕らのところに一人の若い兵士が近付いてきて、大声で「君たち、飛行兵になるなよ！　飛行兵になるなんてとんでもない！　狂っている！」と叫んだ。僕らはあっけにとられてその兵を見返し、曖昧な笑いを浮かべた。同僚の一人が慌てて走ってきて、彼を抱えるようにして連れ去った。戦争が始まって、勝利に酔っていた時のことだ。彼は自分の心にあった思いをそのままをさらけ出し、戦争に熱中する僕らに冷や水をかけようとしたのだろう。今思うと、罰せられるのを覚悟で、戦争反対の気持ちを表現したかったのだ。その心の底からの真実の叫びが、今でも僕の耳にこびりついている。

そのようなことがあったが、僕らは国のため、天皇のため、戦争に行って敵と戦い、戦死して、靖国に祀られることを心底から願った。学校では直立して、「君が代」を歌った。教室には白馬にまたがった軍服姿の天皇の写真がかけてあった。校庭には奉安殿があって、天皇の写真と教育勅語が収められていた。僕らはそれに向かって最敬礼を捧げた。軍事教練では竹やりで、米兵の藁人形を突く演習をした。しかし戦争の初めは、わが軍の調子が良かったけれども、次第に戦況が悪くなった。僕らの町の飛行場も米軍の飛行機に攻撃されるようになり、僕らは防空壕に隠れたり、近くの山に逃げ込んだりするようになった。米軍機は飛行場を攻撃にきたのだが、爆弾が畑や民家に落ちることもしばしばあったのだ。畑に爆弾が落ちると、大きな穴があいて、水がジワーっと湧いた。夏には、子供たちが親の警告を無視して泳いだものだ。僕もそのひとりだった。詩「爆弾穴」はそんな体験から書かれた作品だ。その大きな穴で泳いでいた時、一旦去ったはずの敵機が戻ってきて、泳いでいた僕らに襲い掛かったのだ。

ある時　去ったはずの敵機が一機

戻って来た
必死に草むらに飛び込んだ僕らに
銃弾の驟雨が襲い掛かった

やがてやっと不気味な静けさが戻って
恐る恐る顔を上げると
一人がうつぶせになって浮かんでいた
背中から血が噴き出し　水は真っ赤に染まっていた

「塗りつぶした」

中学一年の夏、日本は戦争に敗れた。負けるはずのない日本が負けたことは、衝撃だった。ある時、学校に行ったら先生が、教科書に墨を塗るように指示した。国語と歴史の教科書だったと思う。先生の言うところを塗りつぶした。先生が気合を入れて教え、僕らが一生懸命習ったところだった。

「天皇が神であり　軍隊が皇軍であるというところを／日本は必ず勝つというところを／敵の米英は鬼畜であるというところを」塗りつぶした。

先生は嘘だとわかって教えたのか
嘘だと分からずに教えたのか
嘘だと分からない先生から僕らは習ったのか
嘘だと分かっていたなら
なぜ嘘を教えたのか

あの時　先生はどんな気持ちで
塗りつぶせと命じたのか―
そして僕らの塗りつぶしたのは
実は先生自身であったことを
どれだけ分かったのか

―だけど今　敗戦時に塗りつぶした類のものが
またぞろ生き返り
子供たちの教科書の中を
這い回り始めた
先生は　今度はどんな顔で教えているのか

今学校で、「君が代」が強制的に教えられ、歌わされているが、先生たちはどんな気持ちでその内容を教えているのだろうか。教育委員会はどんな気持ちで、「君が代教育」を強制しているのだろうか。

「クラスター爆弾を作った科学者に」

米国は絶え間なく新型兵器を作り続けている。最も危険な恐ろしい爆弾は核爆弾だが、それよりも簡便に使える爆弾も作り続けている。そのひとつはクラスター爆弾である。これは使用禁止になったが、それに類するものが次々に作り出されている。なぜ科学者たちがこのように人を簡単に、しかし効果的に殺せる兵器を作り続けるのだろうか。優秀な頭脳を持ち、一流の大学で研究し、おそらくは良い給料をもらって、良い住宅に住みながら、人類を苦しめる爆弾を作り続ける科学者たちに良心の痛みはないのだろうか。こんな疑問に襲われながら書いた作品である。「あなたはどんなふうに育てられたのか／どんなふうに勉強したのか／どんなふうに研究したのか／どんなふうに生きてきたのか／どんな神を信じてきたのか」。これは第一連だが、最後の三連は次のとおりである。

どんな気持ちでこの爆弾を作ったのか
出来上がった時　仲間と一緒に祝杯をあげたのか
土に潜んでいた子爆弾が突然飛び上がり
遊んでいた子供に食らいついて
両足をもぎ取った報道写真を

どんな気持ちで眺めたのか
何も感じないで
コーヒーを飲んでいたのか
それともそんな写真は見ないで
もっと威力ある爆弾を作り出そうとしているのか

あなたは本当に母の胎から生まれ
愛されていた存在なのか　それとも
何かの分子が何かのはずみで統合して
たまたま　人の形になったものなのか
私にはあなたのことが分からない

人間を殺す道具を作る科学技術は目をみはるばかりに発達しているが、それに反比例して人間を大切にする精神は著しく衰えているのではないか。

「アイヌの紳士」

旭川の護国神社の祭礼に行ったことがある。軍事色の強い、戦争賛美の祭礼だった。国のために戦って死ぬことが素晴らしいという雰囲気で満ちていた。夜になると宮司が「南の海で戦死して、そこで長いこと眠っていた兵たちの霊が今、飛んで帰ってきました。心を静めて耳を傾けてください。ただ今、到着しました。木の梢がざわめいています。一人が帰りました。あとに三人が続きます」とマイクでアナウンスした。人々は一瞬静まりかえり、梢に耳を澄ました。すすり泣きが聞こえてきた。

この国家神道の儀式の少し前に、僕は横に立っていた六〇歳ぐらいのアイヌの男性に話しかけられた。僕の顔を疑い深そうに眺めながら、「札幌からですか」と聞いてきた。

「父がここにまつられているんです。
召集されて戦争に行きました。
子供の頃には差別され
ずいぶんいじめられたようですが

国のため　天皇のため
日本兵として立派に戦って死にました。

父は私の誇りです。
お祭りにはいつも来て拝んでいます。

だけどお祭りに反対の人たちもいるんです。
今日　札幌から大勢やってきて
騒ぎを起こすっていう回覧板が
町内会に回ってきました。

それで近所の人たちと一緒に急いで
かけつけました。妨害する者を
とっ捕まえようと思って見張っているんです。
とんでもない日本人《しゃも》がいるもんだ――」

と言いながら　ちらりちらりと
私の顔を盗み見する彼の目から
疑惑と憤怒の煙が
もくもく噴き出していた

彼の話を聞きながら、戦前のアイヌ同化政策は徹底したものだ、という印象を強く受けた。彼らは日本人に造り変えられ、天皇に忠誠をつくし、国のために戦って死に、靖国に祀られる事を名誉なことと信じていたようだ。勿論それに対して、問題を感じた人たちもいたのだろうが、少なくともこのアイヌの男性はまさにそのような人だった。

「三光作戦」

戦争に従事した日本人の多くは、普通の善良な人たちだった。軍隊に入り、厳しい訓練を受けて勇敢な兵士になったのだ。僕らは子供時代に日本兵は優しくて、強いと思いこんでいた。しかし戦争に負けた。そしてある時、帰国した兵たちが集まって、戦場で行ったことをひそひそ語り合っては笑っているのを聞いた時、腰が抜けるほど驚いた。朝鮮では若い女性を兎狩りでもするように捕まえて自分たちの隊に連れ来て、小屋に閉じ込め、性欲のはけ口にしたのだ。また中国では、村を焼き、住民を虐殺した。三光作戦である。それに参加したある人が話すのを聞いた。「やれ！と命令されたから／やったんです。やらなきゃ／命令不服従と言うことで／こちとらが危なくなった－」とこの人は言った。最後の二連は次のとおりだ。

貧しい出の兵たちは
命令がどんなものであったとしても
ただ従うように
仕組まれていた―

私たちもやがて命令されるかもしれない
命令されたら　どんなことであっても
ただ従うようになるかもしれない
そのように今仕組まれているから

最終連で、国民はどんな命令にも従うように、仕組まれている、と書いたが、今の状況をみるとそう感じざるをえない。前述もしたが、学校で「君が代」が強制されている。卒業式や入学式で、歌わない教師は処罰される。民主主義の国におよそあり得ないことが現実に起きている。国家神道方式がまかり通っているが、それは憲法違反ではないと裁判所が判決を下すようになってしまった。国のため、天皇のため、戦争に行って、敵を殺し、戦死して、靖国に英霊として祀られる事が理想だった僕らの子供時代に近づいている。それに、先住民族アイヌの子弟はまったく無視されている。彼らには歌わない自由はあるべきだ。どんなに悪いものであっても、政府の命令には従わなければいけないということになれば、軍国政府に命令されて太平洋戦争に突入した当時の日本国民と同じになる。行き着く先は日本が行う戦争への参加になりかねない。しかし生徒たちは「そのように今仕組まれている」のだ。

「まことの愛国とは」

知人が学校の父母の会で、「君が代」強制はおかしくないですかと発言したら、母親の一人から、「あなたには愛国心がないのですか」と詰め寄られた。出席していた他の人たちもそれに同調し、とげとげしい雰囲気になった。日本の行う戦争には、国のため、天皇のために参加することが愛国心であり、「君が代」斉唱はそのためのものだと親たちが思っているようだった、とその知人は述懐していた。「あなたの信じる愛国心はどういう内容ですか」と問い返してほしかった。何が愛国心なのか、みんなで考え、話し合う時が今こそきたのではないか。僕の考える愛国心は次のものだ。

　まことの愛国とは困っている人に

手を差し伸べることではないの？
政府がおごり高ぶる時に　それを
謙虚にすることではないの？

国外で困っている人にも
手を差し伸べることではないの？
此方が困っている時に　差し伸べられてくる手を
感謝して受け取ることではないの？

生けるものたちに思いやりを持つことではないの？
土を水と空気を大事にすることではないの？
自分の国にだけ富を集めないで
隣の国と分かち合うことではないの？

この国と隣の国との間に
いさかいが起きたら
武力でではなく　平和な方法で解決し
互いに信頼し合うことではないの？

政府から命じられるままに戦えば
数十万いや数百万が亡くなることは
この前の戦争で分かったのではなかったの？
戦うことがなぜ愛国と言えるの？

誰をも片寄り見ず　違う立場を認める人
国家斉唱や国旗礼拝を強制しない人　されない人
憲法9条を生かす人
このような人こそ真の愛国者ではないの？

●参考文献

新井章夫詩集『わが縄文――アイヌ民族の詩人たち』アイ書房、二〇〇九年
アイヌの現代にいたるまでの状況を取り上げ、誌と詩的な散文で問題を掘り下げている。
『谷崎真澄詩選集150篇』コールサック社、二〇一〇年
現代社会の危機的な状況を戦争と平和との関連で表現している。
同人誌「小樽詩話会」
二〇一二年現在、北海道で最も活発に活動してきた同人誌。毎回数十人の詩人たちが作品を発表しており、平和の問題を取り上げている作品も少なくない。
日下新介詩選集『核兵器廃絶の道』詩人会議出版、二〇一一年
核廃絶に焦点を絞っている。徹底した戦争反対の作品集。
『鎮魂詩404人集』コールサック社、二〇一〇年
柿本人麻呂の作品も収められているが、大部分は二〇世紀以降の作品集で、戦争批判と鎮魂を扱っている。
花崎皋平『アイヌモシリの風に吹かれて』小樽詩話会、二〇〇九年
北海道の大地とアイヌとの関わりで書かれている。ゆったりしたリズムで、静かに心に響いてくる作品である。

●コラム７● 女性が創りだす安全な世界
――世界ＹＷＣＡ総会に参加して

伊藤　早織

あなたにとって「安全な世界」とはどんな世界だろうか？

二〇一一年七月、スイス・チューリッヒにて世界ＹＷＣＡ総会（World YWCA Council）と国際女性サミット（International Women's Summit）が開催され、私は日本代表団の最年少メンバーとして参加した。総会テーマは〝Women Creating A Safe World（女性が創りだす安全な世界）〟。スーザン・ブレナン前世界ＹＷＣＡ会長は総会の中で、「女性にとって安心・安全な場所とは、国や行政が言うようないわゆる〝女性を安全網に閉じ込めてしまうような安全保障〟ではなく、〝女性たち自身が、自らの安全を確保できること〟である」とスピーチした。

世界中には、さまざまな暴力を受けて苦しんでいる子どもや女性が数えられないほどいる。発展途上国で生きる少女たちは一〇代前半で結婚し妊娠し、子どもを育てるために、また家を養うために、ＨＩＶ／ＡＩＤＳの危険を背負いながら人身売買をするケースが多くある。世界中に生きるすべての少女には価値があり、選び、生きる権利がある。私たちは、すべての少女にそのチャンスが訪れるように努力する必要があるのだ。

二〇一一年三月には東日本大震災による福島第一・第二原発事故があり、福島県内の高校に通う女子生徒が「私は将来子どもを産んでいいのか」と放射能の影響に悩んでいた姿があった。原発によって自分の未来を選択する権利を奪われてしまう……これも女性に対する立派な暴力だ。世界ＹＷＣＡ総会の中で、日本ＹＷＣＡは、放射能汚染と女性の健康、生存権と性と生殖の権利の侵害についての声明文を発表する機会があった。今、福島で起きている現状は事実であり、これは世界中で共有すべき課題であること、さらに脱原発を訴えて自然エネルギーへシフトさせるべく、今こそ世界中の女性たちが立ち上がるべきである、というメッセージを発信した。

女性の力が世界を変えることの意味を、世界ＹＷＣＡ総会で知ることができた。それは、ＹＷＣＡのメンバーとして札幌で活動していることが、世界につながった瞬間だった。世界では二〇代の女性が平和運動の最前線に立って活動している。総会で受けた衝撃とパワーを自分の活動に生かし、女性や子どもたちにとって安全な世界を創る一員としてさらに深く勉強し、未来へ向かって行動していきたいと強く感じた。

私が札幌ＹＷＣＡに出逢ったのは、大学進学で故郷の東京を離れてから半年余りたった頃だった。幼い頃から平和活動や国際協力に興味があった私は、偶然見つけた札幌ＹＷＣＡの門を叩いた。ここは今では私にとっての「安心・安全な場所」である。

平和活動や国際協力に興味はあるけれどどうしたらいいのかわからない……と思っている人がいたら、まずは視野を広げてみてほしい。大事なのは「行動すること」。あなたの周りで暴力に苦しんでいる人がいたら、そっと手を差しのべてほしい。それが、あなたのスタートだ。

もう一度問おう。あなたにとって「安全な世界」とはどんな世界だろうか？

第13章　東日本大震災支援ボランティア活動と「平和教育」

——「平和を実現する主体形成」の教育的意義と可能性

高橋　一

1　はじめに——平和教育カリキュラムの可能性と限界

本章のテーマとして筆者が設定した「ボランティア活動と平和を実現する主体の形成」という課題は、従来から平和教育という分野で、学校現場やＮＧＯ（非政府組織）によって、開発教育的手法やスタディツアーをとおして工夫・実践されてきた。が、平和教育的アプローチの積年の経過によって、次第に型どおりの教育的アプローチに従えばそれでよしといった、いわば平和教育のカリキュラム・マンネリズムに陥ってしまってきた危険性がないとは言えないように思う。

そもそも平和教育が要請している教育的アプローチにたいする原理的考察——たとえば、平和教育とはいわゆる平和問題への意識が高い生徒や学生を育成するプログラムなのか、それとも平和創造への実践的プログラムを構築する教育的アプローチなのか、あるいはそれらすべてを含む教育的試みなのかといった考察——も、日本ではまだそれほど整理・蓄積されているとは言えない。

そこで筆者は、本章の課題の前提となる「平和を実現する人々」（マタイによる福音書五章九節）——「平和を創り出す担い手」を育てる教育のあり方を考えるための原理的考察として、筆者が勤務する大学での東日本大震災支援ボランティア活動の実践事例をとおして、この課題を考えてみたい。けだし東日本大震災支援ボランティア活動は、「平和を創り出す主体の形成」という観点から見ても、これは事後的に与えられた知見ではあるが、思いがけない「知の開発」過程だったように思われるからである。

ところで、「平和を創り出す」担い手を育てるための原理的考察がなぜ必要なのか。

それは、武力によらない平和構築への意思表明や弱肉強食の倫理観への抵抗感覚、さらには開発途上国と言われる地域で生きる人々のいのちと人間存在への尊厳感覚を促す試み――それらを広義の意味での平和教育と呼ぶことが許されるとして――が、意2欲と情熱をもつ教員やＮＧＯスタッフによって積み重ねられた結果、現在も一定の成果を上げてきたとするならば、なぜ今日の日本人は、本来弱き者、たまたま経済的能力が賦与されなかった者、さまざまな理由によって努力を怠るとみなされた者――総じて「捨てられた石」(詩編一一八編)とされた者――への眼差しを拒絶的な視線と変容させてしまったのかという事態にたいしての合理的な説明を与えることができないのではないかと筆者には思われるからである。

2　平和構築と隣国（隣人）観の荒廃

筆者がこの点で危惧を抱くのは、これは直接に平和構築や平和教育そのものに関する議論ではないが、弱い立場に置かれた人々にたいする日本人の深刻な倫理的頽廃が今日起こっているのではないかと疑うからである。

その点を指摘した波頭亮氏の文章を、やや長くなるが引用しておきたい。

私（波頭氏）が（現在の日本社会の）格差と貧困の問題を深刻だと感じる具体的論点……の一つは、日本では「自力で生活できない人を政府が助けてあげる必要はない」と考える人が世界中で最も多くなっている点である（出典：「What the World Thinks in 2007」The Pew Global Attitudes Project）。「助けてあげる必要はない」と答えた人の割合は日本が三八％で、世界中で断トツである。第二位はアメリカで二八％。アメリカは毎年多数の移民が流入する多民族、多文化の国家であり、自由と自己責任の原則を社会運営の基軸に置いている。この比率が高くなるのは自然なことだ。そのアメリカよりも、日本は一〇％も高いのである。

日米以外の国におけるこの値は、どこも八％～一〇％くらいである。イギリスでもフランスでもドイツでも、中国でもインドでもブラジルでも同様で、洋の東西、南北を問わない。経済水準が高かろうが低かろうが、文化や宗教や政治体制がいかようであろうが、大きな差はない。つまり〝人〟が社会を営む中で、自分の力だけでは生活することすらできない人を見捨てるべきではない、助けてあげなければならないと感じる人が九割くらいいるのが〝人間社会の相場〟なのである。

にもかかわらず日本では、助けてあげる必要はないと判断する人の割合が約四割にも達している。日本は、〝人の心〟か〝社会の仕組み〟かのどちらかが明らかに健全／正常ではないと言わざるを得ない。この場合、政治の制度や仕組みと比べて人の心はずっと普遍的であるはずなので、問題は日本の政治の仕組みや政策にあると考えるのが妥当である。言い換えるなら、人の心をここまで荒んだものにしてしまうほどに、現行の日本の政策や制度は正しくないということになる。

（波頭亮『成熟日本への進路』ちくま新書、二〇一一年）

ここで「自力で生活できない人」という言い方に表現されている日本人の隣人観は、そのまま「自力で立ち行くことができない国」という隣国観に比定され得ることを指摘しておきたい。

3　東日本大震災の被災地訪問を経て、協働するＮＧＯ・ＮＰＯと大学との連携を模索

震災から一週間後の卒業式翌日、筆者は被災地の仙台、大船渡、釜石を個人的に訪問した。日程は三月一九日―二三日（四泊五日）。同時に、被災した在学生の実家（仙台郊外）へ、学生や教員から依頼されて支援物資を運んだ。

その結果、被災現場では多数のボランティアが今後緊急かつ長期にわたって必要とされ、復旧・復興には相当の年月がかかると予想されたこと、酪農学園大学として支援可能な被災地とそこでの働き、協働できる現地パートナー（コーディネーター）を確定できれば、学生ボランティア活動の意義はじゅうぶんに存在していること、さらにこのような現場体験をとおして「農と土」に関心を抱いている学生たちが将来、有形無形の学びを体得してくれるに違いないと確信することができたこと。以上の理由から、大学に戻ってすぐに全学的なボランティア活動プロジェクトを立ち上げる決心をした。

このような大規模災害支援の場合、被災支援経験をもち、現地の状況を熟知し、刻々と変化する被災地のニーズを的確に把握し、同時に臨機応変に支援態勢を組み直す柔軟さをもった信頼できる現地コーディネーターが絶対に必要である。ただ闇雲に外部から被災地にボランティア活動に赴いたとしてもできることは多くはない。

そこで長年酪農学園大学と信頼関係を築き、フィリピンで四〇年以上にわたって精神里親活動を展開してきたキリスト教系ＮＧＯであるチャイルド・ファンド・ジャパン（ＣＦＪ）が大船渡での

支援を計画しているとの連絡を受け、話し合った結果、このCFJと協働態勢を敷き、現地での仕事内容、居住の確保、車や食事などの調整や手配はすべてこれらのNGOとその現地コーディネーターに委ね、酪農学園大学からは学生・教職員をボランティアとして大船渡に一定数送るシステムを構築することにした。CFJ事務局長が酪農学園の卒業生であったという事情も大きかった。

同様に、宮城県石巻市に三月末から支援に入っていたAPCAS（アプカス＝主にスリランカで住民主体の農村開発［コミュニティ・ディヴェロプメント］活動に従事する酪農学園大学卒業生たちが設立したNPO法人）に現地コーディネーターとして酪農学園大学ボランティアを受け入れてもらう要請を行い、これも了承を得た。通常はスリランカで活動しているこのAPCASメンバーは、今回はNPO法人のPARCIC（パルシック）からの要請を受け、実際はPARCICというNPOとして石巻を中心とした被災地支援に関わっていた。

そこで大学に戻ってから大船渡と石巻の二ヶ所に拠点を定めて酪農学園大学による全学的なボランティア活動を行う最終判断を行い、学長を含む大学執行部と協議を行いつつ、基本的な了解を得た。その後、全学教授会で了承を得て、このプロジェクトが酪農学園大学のプロジェクトとして出発することになった。

4　大学生が長期に継続して被災地に赴くスキームの確立

数ヶ月にわたって一定数のボランティアを被災地に送り続けるプロジェクトは、大学独自で実施しているところは北海道では多くなかった。通常のボランティアは数日間ないし一週間の単発の滞在で、その場合被災地の災害ボランティアセンターなどのボランティア受け入れ側は支援活動スケジュールの予定が立てにくい。さらに被災者との信頼関係を前提にしたボランティア活動などはますますプログラムしにくくなる。

しかし一つの大学として、長期に一定数の学生ボランティアを被災地に供給できる体制を構築できれば、被災地の復旧・復興に関わるようなボランティア活動を実施することができる。また学生の意識も「このボランティア活動は大学としてのプロジェクトである」と実感でき、一つのプロジェクトにおける次班のチームへの引き継ぎにさいしての責任意識の醸成、学科を超えた学生同士の交わり、学生と教員・職員との共同生活による教育的価値も高い。そのため大学ではそのシステムの構築をめざし、まず一週間交替で合計九週間（先発隊二チームと後発隊を含めると一二週間の約三ヶ月間）にわたってボランティアを送るプロジェクトを立案した（その後、九月―一二月まで、第二期活動が継続された）。

新年度直後にもかかわらず、一年生を含め、多くの学生による応募（約一五〇名）をみたこと（実際に登録したのは、はじめからボランティア活動に参加できる人数として、大船渡と石巻の二つの拠点で七月半ばまで全体で七〇余名という限定を設けていたため約半数になった）、このプロジェクトが全学教授会の承認を得たこと、教務部の判断によって参加する学生の一週間の公認欠席が認められたこと、ボランティア旅費補助として学生生活援護会と前述の卒業式特別募金から支援があったこと（一人あたり往復旅費の三分の二にあたる二万円を支給）、さらに酪農学園大学Volunteerと書かれた緑色のジャケット（暑い季節になって半袖のベストに変更）や丈夫なゴム手袋、防塵マスク、釘抜き防止長靴、災害ボランティア保険加入、破傷風の予防注射などが大学と学生部から提供されたことも大きな意味をもった。

文部科学省からの学生ボランティア活動への配慮を勧める一斉通達があったとはいえ（二〇一一年四月一日付）、何よりも酪農学園大学全体として支援しようという意思表示が早い時期に明確に共有され発信されたことが重要だったと思う。

先発調査隊に引き続き、四月下旬の第一班の出発直前には、大学内で事前準備オリエンテーションを行い、先発調査隊の学生による現地報告とともに、ＪＡＮＩＣ（国際協力ＮＧＯ活動センター）とＪＩＣＡ（国際協力機構）の両方で震災タスク統括コーディネーターを務める専門家を招いて講演と質問の機会を設けた。約百名の学生・教職員が参加し、このボランティア活動プロジェクトの最終準備を済ませることができた。これら一連の取り組みの中に、大学教育とＮＧＯ・ＮＰＯとの具体的な連携がすでに組み込まれていたと言える。

5　文部科学省による学生ボランティア活動の「通知」に見るボランティア教育観

東日本大震災を受けて文部科学省は、これはきわめて異例のことだと思われるが、二〇一一（平成二三）年四月一日付の鈴木寛・文部科学副大臣名で、全国の大学・短期大学、高等専門学校に向け、「東北地方太平洋沖地震に伴う学生のボランティア活動についての通知」を通達した。

東日本大震災支援ボランティア活動における単位認定の適用を大学側に推奨したとも読める文部科学省によるこの「通知」は、大学関係者の間でさまざまな議論を巻き起こした。

しかしこの「通知」で言うボランティア活動は、「将来の社会の担い手となる学生の円滑な社会への移行促進の観点から意義がある」との文言からも推測できるように、従来からのボランティア教育の延長線上での位置づけであった。

そこには大学としてもっとも重要な課題である、知的批判精神をもつ学生の主体をいかに形成するかという観点は、少なくともボランティア活動との関連性においてはほとんど顧慮されていない。が、ほんとうにそうなのだろうか。東日本大震災支援ボランティア活動は、学生の知的批判精神をもった主体形成という営みには積極的には関与できないのであろうか。

結論を先取りして言えば、東日本大震災支援ボランティア活動は、従来のボランティア活動の概念を超えた潜在的可能性をもっていたように筆者には思われるのである。それは後述のように、平和の担い手をいかに触発・形成・確立するかという本章の課題にも、東日本大震災支援ボランティア活動はじゅうぶん応え得るのではないかとの確信でもあった。

今回の東日本大震災で、とりわけ参加した学生に被災地で否応なく要請されたボランティア活動は、未知の人、未知の事態、未知の事柄とのコミュニケーションをあえて図ろうとする主体を形成するという意味で、また広く隠された見えない課題を自ら見出し、たんに頭だけの理解ではなく、五感のすべてを用いてそれらの事態を理解しようとする知的主体の発動を極限的な時空間で促された体験であった。その意味では、東日本大震災支援ボランティア活動それ自体が、実は潜在的な「知の開発」の可能性を豊かにもった活動だったのではないかと思えるのである。最後にその点を、最近の内田樹氏（神戸女学院大学名誉教授）の論考を援用しながら、具体的に検証してみたい。

6　内田樹氏による《コミュニケーション能力》の定義

内田樹氏は、学生へのゼミ指導のオリエンテーションとして、ゼミで求められる「基礎的学術能力」（これは知的能力を活用できる主体の形成という意味とほとんど同義であろう）とは《コミュニケーション能力》にあると喝破し、以下のように《コミュニケーション能力》を定義し、説明している。これはたいへん説得力のある考察であると思う。その言説を紹介し、本章の課題の解明のためにその定義を援用してみたい。

内田樹氏によれば《コミュニケーション能力》には、いわゆるふつうの意味での対話（会話）能力（オーラル・コミュニケーションの能力）だけでなく、以下のような多様な四つの能力が含まれている。それを筆者なりの言葉で補いながら敷衍してみる（出典は、内田氏によるホームページ「内田樹の研究室」にある「基本的学術能力」の説明による）。

以下の四点が内田氏が定義する《コミュニケーション能力》である。

①　情報とのコミュニケーション能力
②　非言語的コミュニケーション能力
③　異論や敵対する人とのコミュニケーション能力
④　自分自身の内面とのコミュニケーション能力

つまり内田氏によれば《コミュニケーション能力》とは、目の前の親しい人物とのオーラル・コミュニケーションとしての意思疎通能力だけでなく、①文献を読み解き、②自然や無生物、③異論をもつ人や敵対する人、④さらには自分自身との意思疎通を図ることをも含む知的営み全体、あるいはそのような主体を形成する力の指標を意味するのである。

7 《平和構築能力》としての《コミュニケーション能力》

ところでこの《コミュニケーション能力》とは、考えてみればある種の《平和構築能力》と言うこともできるのではあるまいか。

なぜなら一般的に平和構築とは、①対外諸国やその地域に所属する人々との間に存在する危機を、両国の政治や経済に基づく政策・外交・内外の文献・報道などから冷静に観察・考察・分析し、②現実的に平和を阻害する地政学的な問題や自然的制約をも熟考し、③敵対する相手の諫言や甘言、威嚇や無視からも暗黙の情報を読み取って交渉と妥協による折衝を粘り強く繰り返し、④その結果、こちら側がどのように対応することがもっとも平和を創り出す道を開拓する方途となりうるかを冷静に判断し、己の行動のありようを絶えず吟味する営みでもあるからである。その能力は内田氏が言うところの、「基礎的学術能力」の指標としての《コミュニケーション能力》と何と相似的であることだろうか。

したがって筆者もまた内田氏にならって、そのようなより深くより広いコミュニケーションを発揮しうる力のことをここでも《平和構築能力》としての《コミュニケーション能力》と定義できるし、そう定義しておきたいのである。

8　《コミュニケーション能力》開発機能としての東日本大震災支援ボランティア活動

上述の《コミュニケーション能力》の新しい定義を、東日本大震災支援ボランティア活動に従事した学生たちの反応に結びつけてみよう。そうするとボランティア活動は、社会に適応し、自発的に行動できる従来型の人材づくりという側面のほかに、上述の意味での《コミュニケーション能力を開発する教育》とも言えるのではないか。それは平和構築活動を形成する主体の育成、あるいは平和教育を担う知的かつ実践的主体を形成する営みにもつながるのではないかと推測されるのである。

この推測的仮説を明らかにするために、東日本大震災支援ボランティア活動に従事した学生たちによる《コミュニケーション能力》の開発過程の状況を、ボランティア活動の実際に即して提示してみよう。

①《情報とのコミュニケーション能力》とは、おびただしい東日本大震災を追ったメディアによる報道と現場の光景とのギャップに衝撃を受け、あらためて被災地報道の隠された問題点を発見し、検証しようとする力と言い換えられる。「このような大震災において、いったいメディア報道とは何なのか？」、「今まで自分が学んできた知見の総体は何だったのか？」との問いに学生たちは直面させられるのである。

それはいわば、長年の欺瞞と神話によって糊塗されてきたアジア太平洋戦争が、日本の敗戦という現実によってはじめて真実の日本の歴史の総体を露呈する端緒となったことと、その新しい現実に直面させられた青年たちの中に、当時けっして少なからぬ人たちが深刻な「崩壊体験」をもってその後の人生行路を決定せざるを得なかったことと比定される。

同様に、太平洋戦争後の六〇余年の日本の国家としてのありようの総体が問われた東日本大震災の全貌をほんとうに知ろうとするならば、自己の存在理由を根本から問いただされるような意味で、それこそ全身全霊をかけた《コミュニケーション能力》が問われてくるであろう。

②**《非言語的コミュニケーション能力》**とは、目の前に広がる崩壊した被災地の大規模な景観から瓦解した個々の家並みの光景に至るまで、そこから発している無言のメッセージを聴き取り、それらの光景を自己の内面にあたかもネガ・フイルムに焼き付けるように受け止めることのできる力と言い換えられる。

被災地では多くの学生が目前の光景に言葉を失った。自然や景観もまた苦悩し、呻吟することを初めて知らされ、その破壊し尽くされた姿と声を受け止める視覚と聴覚が研ぎ澄まされずにはいなかった。さらに夏には、暑さとともに発生する魚介類の猛烈な腐乱臭と無数のハエの発生に遭遇し、嗅覚も触覚も否応なく応答を余儀なくされたのである。

③**《異論や敵対するものとのコミュニケーション能力》**とは、学生の日常的な環境とはおよそ異質な立場に唐突に置かれ、理不尽な苦難や悲しみを強いられた未知の被災者との触れ合い、さらには被災地支援プロジェクトの一環で取り組んだ仮設住宅での住民ニーズの長期的な聴き取り調査のさいに求められた、傾聴する力と資質の開発に深く関係する。

被災者との対話、不意に訪れる被災者の饒舌の底に潜む憤りや訴え、無言の沈黙、時には激しい攻撃的口調や厭世的嘆きから、その奥にある気持ちを感知し、それをそのまま汲み取る力がどうしても求められる。これはけっして短兵急で生半可なトレーニングによって身につくコミュニケーション能力ではない。

④《自分自身の内面とのコミュニケーション能力》とは、上の三つの営みを経て宿舎に帰ってきてから、夕食後の振り返り（リフレクション）の時間において、共に活動した学生たちとの分かち合いをとおして、現地コーディネーターがファシリテーターとなって、被災地の現場で自身のありかたや受け止め方を顧みる訓練により養われる力に比定することができる。

9　東日本大震災支援ボランティア活動の「もう一つの可能性」

内田氏の言うところの《コミュニケーション能力》の開発過程を、東日本大震災における被災地支援ボランティア活動の実際的な状況に即して振り返ってみると、ボランティア活動に従事した学生たちの《コミュニケーション能力》は、その活動において一層の深まりと広がりを強いられたし、それゆえの「基礎的学術能力」を担う知的主体の醸成につながる可能性があったということができる。あるいは少なくともその萌芽は見出したと言えるのではないかと思う。

東日本大震災支援ボランティア活動には、社会に適応する人材の育成のための内面性・自発性を育むボランティア活動という従来からの側面だけでなく、上述の四つの面での《コミュニケーション能力》を培うための教育的意義を持っていたと言えるのではないか。否、むしろこのような側面にこそ、学生の学びにとっては今回の東日本大震災支援ボランティア活動のほんとうの意義が存在したのではないかと思われるのである。

結論的に筆者はこの側面を、「ボランティア活動におけるもう一つの可能性」として仮説的に位置づけておきたいと思う。

10　平和構築を担う感覚を研ぎ澄ます
――「世界の惨事をおのが惨事とする」（ジョン・キーツ）

今回の東日本大震災支援ボランティア活動をとおして、学生ボランティアが垣間見た震災の現実は、その規模の大きさや震災がもつ衝迫度、人々の生活や自然に与えた被害の甚大さを振り返るとき（震災によって引き起こされた福島第一原子力発電所事故による重大な影響はとりあえず考慮の外に置くとしても）、日本の今後の政治・経済・歴史・精神・思想・文化・教育・生活のあらゆる面に及ぼす影響の深刻さと広がりとを考えざるをえない。

そのためには英国の詩人ジョン・キーツが“The Fall of Hyperion: A Dream”（1819）で看破したように、「世界の惨事をおのが惨事とし、そのために休み得ない者でなければ、何ぴともこの（詩文学としての）頂を占めることあたわじ」（None can usurp this height.../But those to whom the miseries of the world/Are misery, and will not let them rest）とまでは言わずとも、少なくとも「世界の惨事をおのが惨事とし、そのために休み得ない」という直接経験を一度でも持つことが大切ではないか。そうでなければ、いつの時代にあっても困難な課題である平和構築を形成する意志と情熱と学びとを持続的に堅持しようとする知的主体と実践主体をほんとうの意味で確立することはできないのではあるまいか。

酪農学園大学の学生による東日本大震災支援ボランティア活動プロジェクトは、一見遠回りではあるが、「世界の惨事をおのが惨事とし、そのために休み得ない」という平和構築に不可欠な直接経験に学生一人ひとりが否応なく直面させられ、その事態をとおして四つの面での《コミュニケーション能力》の開発を一人ひとりが強いられた一年近い日々の連続でもあったと言える。

それはとりもなおさず、本章の課題として設定した「平和構築の主体を形成する試みとしての平和教育」の一端にも、結果としては位置づけられるのではないかと、筆者は思っている。

●参考文献

岩波書店編集部編『3・11を心に刻んで』岩波書店、二〇一二年

東日本大震災と福島第一原発事故を受けて、各界の人が震災後の五月から岩波書店のホームページに緊急所感を掲載し、その後時間を経て同じ人たち三〇名が別な文章を寄稿したもの。筆者には、旧約聖書学者の並木浩一氏による「リセットの時――周縁からの文化創造」が、3・11の事態の歴史的課題を見据えた視点をもった発言として心に残った。

内田樹『街場の大学論　ウチダ式教育再生』角川文庫、二〇一〇年

どの論考も既成の通念をひっくり返す知的刺戟に満ちているが、「論文は自分のためにかくものじゃない」は、人が知的作業を何のために行うのか、ひいては誰のために仕事をするのかについての古からの公理を再確認させてくれる。平和教育も自己目的になってはいけない、と思わされる。

自由報道協会編『自由報道協会が追った3・11』扶桑社、二〇一二年

大学の学びはどのように現実と触れ合うか。メディアは現実をどのように切り拓くのか。大手メディアに属さず、独立した意思と姿勢をもったジャーナリストたちの3・11。アクチュアルな問題意識が知の活性化につながる。

あとがき

この本の編集作業もほぼ終わった四月、財団法人アイヌ文化振興・研究推進機構が発行している副読本『アイヌ民族：歴史と現在』（小学校四年用、中学校二年用）の記述が変更され改訂版をつくることになったため、今年は配布されないことが明らかになった。見直しのきっかけになったのは、北海道議会と国会で自民党の議員から「歴史的事実と認識が食い違う」などとの指摘のようだ（「北海道新聞」二〇一二年四月一二日）。

変更された内容には、「政府は蝦夷地を北海道と改称し、一方的に日本の一部として本格的な統治と開拓に乗り出した」を「政府は蝦夷地を北海道と改称し、本格的な統治と開拓に乗り出した」（中学生用）とされた歴史認識にかかわる箇所もある。

これまで採用されていた副読本は、おそらく、私が序章で紹介した「アイヌ民族に関する法律（案）」前文の歴史観を受け継いで「一方的に日本の一部として……」と表現してきたのだろう。だとすると、「一方的に……」を削除することは、たんなる表現上の問題ではなく、アイヌ民族が自ら示した歴史観を否定することにつながる変更だと、私は考える。

この本は、「アイヌ研究」の本ではない。しかし、アイヌモシリ（北海道）が植民地であったという認識なしで自分の生きる地域の平和を考えることはできないという視点は、どの論文にも共通している。さまざまな領域から平和について語っているこの本が、アイヌ民族自身による歴史認識を否定する「歴史修正主義」の動きに対抗する視点を提供し、脱植民地化プロセスを進めるために少しでも役立つことを、編者として心から望む。

この本は、長めの論文と短いコラムからできている。コラムは、札幌などで平和や環境などの社会運動に関わっている人たち、とくに若い世代に書いてもらった。本当ならば、執筆者が集まって議論したうえで本づくりをすべきだったのだろうが、編者の力不足と体調不良で、それができなかった。とても残念だ。

「こういう本をつくりたい」と、法律文化社の小西英央さんに相談してから二年たった。念頭にあったのは、「オキナワを平和学する！」という、基地オキナワから平和を考える本である。北海道を対象にした平和学の本としては、『北海道で平和を考える』（北海道大学出版会、一九八八年）があったが、植民地としての北海道という視点が弱く、アイヌ民族の復権も北海道が抱える問題の一つだ、という構成が、私には不満だった。問題の立て方を逆転して、「北海道」が植民地としてつくられ、そこでの問題が今も解決されずに続いていることが、この島の平和を脅かしていると考えた方がいいのではないか、と考えていたのである。こうした編集意図が、うまく出ているかどうかは、読者のみなさんに判断していただくしかない。

法律文化社の小西英央さんには、札幌まで何度も足を運んでいただき、適切なアドバイスをいただいた。心から感謝したい。

二〇一二年六月

越田　清和

● 執筆者紹介 ●

（執筆順、＊印は編者）

＊越《こし》田《だ》清《きよ》和《かず》	北星学園大学非常勤講師、 北海道ピーストレード 事務局長	序章・第2章
井《いの》上《うえ》勝《かつ》生《お》	北海道大学名誉教授	第1章
林《イム》 炳《ピョン》澤《テク》	NPO法人さっぽろ自由学校「遊」共同代表	第3章
小《お》田《だ》博《ひろ》志《し》	北海道大学大学院文学研究科准教授	第4章
清《し》水《みず》雅《まさ》彦《ひこ》	日本体育大学体育学部准教授	第5章
秀《ひで》嶋《しま》ゆかり	弁護士	第6章
島《しま》崎《ざき》直《なお》美《み》	世界先住民族ネットワークAINU（WIN-AINU） 事務局長	第7章
影《かげ》山《やま》あさ子《こ》	ドキュメンタリー映画監督	第8章
結《ゆう》城《き》幸《こう》司《じ》	世界先住民族ネットワークAINU（WIN-AINU） 代表	第9章
萱《かや》野《の》智《とも》篤《あつ》	北星学園大学経済学部教授	第10章
山《やま》口《ぐち》たか	福島の子どもたちを守る会北海道 事務局長	第11章
矢《や》口《ぐち》以《より》文《ふみ》	北星学園大学名誉教授	第12章
高《たか》橋《はし》 一《はじめ》	酪農学園大学農食環境学群循環農学類教授	第13章
谷《たに》上《がみ》 嶐《たかし》	ほっかいどうピースネット事務局 米軍問題を 考える会 事務局長	コラム1
平《ひら》井《い》敦《あつ》子《こ》	札幌市立中学校教員	コラム2
阿《あ》知《ち》良《ら》洋《よう》平《へい》	北海道大学大学院生	コラム3
佐《さ》々《さ》木《き》かおり	札幌地域労組書記	コラム4
千《せん》徳《とく》あす香《か》	有限会社 Earth Cover 代表取締役	コラム5
橋《はし》本《もと》まほろ	サッポロッカショ メンバー	コラム6
伊《い》藤《とう》早《さ》織《おり》	札幌 YWCA 学生リーダー代表	コラム7

Horitsu Bunka Sha

アイヌモシリと平和
――〈北海道〉を平和学する！

2012年9月25日　初版第1刷発行

編　者　越《こし》田《だ》清《きよ》和《かず》

発行者　田靡純子

発行所　株式会社 法律文化社

〒603-8053
京都市北区上賀茂岩ヶ垣内町71
電話 075(791)7131 FAX 075(721)8400
http://www.hou-bun.com/

＊乱丁など不良本がありましたら，ご連絡ください。
お取り替えいたします。

印刷：中村印刷㈱／製本：㈱藤沢製本
装幀：石井きよ子

ISBN978-4-589-03452-6

貝澤耕一・丸山 博・松名 隆・奥野恒久編著
アイヌ民族の復権
―先住民族と築く新たな社会―
Ａ５判・二四六頁・二四一五円

アイヌ民族の復権へ向けた問題提起の書。二風谷ダム裁判をあらためて問い直すことを契機にアイヌ復権への根源的な課題を学際的かつ実践的アプローチにより考察。先住民族と築く多様で豊かな社会を提言する。

高橋眞司・舟越耿一編
ナガサキから平和学する！
Ａ５判・二八六頁・二三一〇円

最後の被爆地である長崎から「平和」を多角的に考えるための平和学入門書。戦後の軌跡とグローバルな同時代性を座標軸として、被爆・戦争・差別・責任・多文化共生・環境など長崎の独自性をふまえた主題を設定し、論究する。

松島泰勝著
琉球独立への道
―植民地主義に抗う琉球ナショナリズム―
Ａ５判・二七八頁・二九四〇円

小国における脱植民地化過程の比較・実証研究をふまえ、琉球（沖縄）の政治経済的な独立の可能性を研究。琉球の独立を文化・思想面からだけでなく、包括的かつ実証的に再検討し、実現可能なロードマップと将来像を提案する。

石原昌家編
ピース・ナウ沖縄戦
―無戦世界のための再定位―
Ａ５判・二一八頁・二一〇〇円

意図的な沖縄戦の捏造の動向分析をふまえ、国民保護法下の現代版「総動員体制」と沖縄を拠点とした「軍事強化」へ警鐘を鳴らす。3・11を契機に「有事」への協力要請が高まるなか、それに抗うとともに平和創造のためのメッセージを発信する。

竹内久顕編著
平和教育を問い直す
―次世代への批判的継承―
Ａ５判・二四二頁・二五二〇円

暴力化する現実世界と平和問題の射程が広がるにつれ、平和教育は時代と乖離し、存在意義が問われている。戦後の平和教育の蓄積を批判的・発展的に継承し、新たな理論と実践の創造的な再生を試みる。